Natürlich auf Deutsch!

Makoto Itoh
Emi Schinzinger
Takaaki Kimura

Dogakusha Verlag

表紙・本文イラスト：大山　さとみ
本文写真：シンチンガー・エミ／木村　高明／町田　仁
表紙デザイン：アップル　ボックス

は　し　が　き

　本書は初めてドイツ語を学ぶ人を対象につくられた初級の文法読本です．
　ドイツに留学中の日本人学生 Yuko を主人公に，ドイツで生まれ育ったトルコ人学生の Ahmed や Yuko のドイツ語教師である Gerlinde とのやりとりを通して，会話や時事的なテーマなど，さまざまなドイツ語の文章にふれることができるよう作られています．

- 各課の本文ではドイツ語の文章を音読し，発音やイントネーションを身につけるようにしましょう．また焦らずゆっくりで結構ですから，少しずつドイツ語文の解釈に慣れるようにして下さい．
- 文法のページには各課で学習する文法事項が説明されています．ドイツ語の文法は語尾変化などが複雑そうですが，語尾変化は基本となる変化に基づいている場合が多いのです．まずこの基本となる語尾変化を少しずつ覚えるのが効果的です．
- 練習問題は，実質的なドイツ語能力を身につけるために，多めに用意されています．授業時間等により，適宜，調節していただければと存じます．
- ドイツ語を耳で聞き，口に出して話すために，会話練習問題も添えました．外国語上達のためには，実際に口に出して話すことが非常に重要ですので，繰り返し練習して下さい．
- ミニコラムでは，各課に関連するドイツの事情を紹介しています．ドイツに興味を持っていただければと思います．

　ドイツ語に限らず初めて学ぶ言語は，誰でも最初は難しく感じるものです．しかし少しずつ理解できるようになると，難しさが面白さに変わっていきます．一日でも早くそう感じられる日が来るように，頑張って下さい．
　本書について忌憚のないご意見をお聞かせいただければ著者一同幸甚に存じます．

　　2016 年　春

　　　　　　　　　　　　　　　　　　　　　　　　　　　　　　　　著　者

目　次

発　音 7

第 1 課　**Die Begegnung** 10
　　　Ⅰ 動詞の現在人称変化 (1)　Ⅱ sein, haben の現在人称変化　Ⅲ 定動詞の位置 (1)

第 2 課　**Yuko und Gerlinde** 14
　　　Ⅰ 定冠詞と名詞の格変化　Ⅱ 不定冠詞と名詞の格変化　Ⅲ 名詞の複数形
　　　Ⅳ 男性弱変化名詞

第 3 課　**Der Samstag** 18
　　　Ⅰ 動詞の現在人称変化 (2)　Ⅱ 命令形

第 4 課　**In der Mensa** 22
　　　Ⅰ 定冠詞類の格変化　Ⅱ 不定冠詞類の格変化

第 5 課　**Was wirst du an diesem Wochenende machen?** 26
　　　Ⅰ 未来時称　Ⅱ 話法の助動詞　Ⅲ 話法の助動詞の現在人称変化

第 6 課　**In die Oper** 30
　　　Ⅰ 前置詞の格支配　Ⅱ 前置詞と定冠詞の融合形　Ⅲ 疑問代名詞

第 7 課　**Ein Brief von Ahmed** 34
　　　Ⅰ 従属接続詞　Ⅱ 並列接続詞　Ⅲ 相関的な接続詞　Ⅳ 人称代名詞の格変化
　　　Ⅴ 目的語の語順　Ⅵ 定動詞の位置 (2)

第 8 課　**Kennen Sie Deutschland?** 38
　　　Ⅰ 形容詞の格変化　Ⅱ 形容詞の名詞化　Ⅲ 不定代名詞 man

第 9 課　**Das Familien-Wochenende** 42
　　　Ⅰ 三基本形　Ⅱ 過去分詞に ge- がつかない動詞・話法の助動詞の三基本形
　　　Ⅲ 過去人称変化　Ⅳ 話法の助動詞の過去人称変化

第10課　**Hast du in den Winterferien etwas vor?** 46
　　　Ⅰ 分離動詞　Ⅱ 分離動詞の三基本形　Ⅲ 非分離動詞　Ⅳ 非分離動詞の三基本形

第11課 **Nach dem Sprachkurs** 50
　　Ⅰ 完了時称　Ⅱ 現在完了　Ⅲ 過去完了　Ⅳ 未来完了

第12課 **Ein Tag von Ahmed** 54
　　Ⅰ 再帰代名詞　Ⅱ 再帰動詞　Ⅲ 数詞　Ⅳ 時刻

第13課 **Zum Flughafen** 58
　　Ⅰ 形容詞の比較変化　Ⅱ 序数　Ⅲ 西暦の読み方　Ⅳ 曜日・12ヶ月・四季

第14課 **Der Geburtstag** 62
　　Ⅰ 受動態　Ⅱ 状態受動　Ⅲ sich+lassen+不定詞

第15課 **Das Recycling System in Deutschland** 66
　　Ⅰ es の用法　Ⅱ zu 不定詞の用法　Ⅲ 現在分詞

第16課 **Ein Koffer** 70
　　Ⅰ 関係代名詞　Ⅱ 指示代名詞

第17課 **Ein Lied** 74
　　Ⅰ 接続法の形式　Ⅱ 接続法の用法

Anhang **Wenn ich ein Vöglein wär** 78

　　おもな不規則動詞の変化表 79

ベルリン中央駅

Das Alphabet

A	a		[á:]	P	p		[pé:]
B	b		[bé:]	Q	q		[kú:]
C	c		[tsé:]	R	r		[ér]
D	d		[dé:]	S	s		[és]
E	e		[é:]	T	t		[té:]
F	f		[éf]	U	u		[ú:]
G	g		[gé:]	V	v		[fáʊ]
H	h		[há:]	W	w		[vé:]
I	i		[í:]	X	x		[íks]
J	j		[jót]	Y	y		[ýpsilɔn]
K	k		[ká:]	Z	z		[tsét]
L	l		[él]	Ä	ä		[ɛ:]
M	m		[ém]	Ö	ö		[ǿ:]
N	n		[én]	Ü	ü		[ý:]
O	o		[ó:]		ß		[ɛs-tsét]

発　音

原則 1) ドイツ語はローマ字のように読みます．
2) アクセントは原則として最初の母音にあります．
3) アクセントのある音節の母音は，一個の子音字の前では長く，2個以上の子音字の前では短く発音します．

1　母音

a	[アー]，[ア]	Name *name*	haben *have*	alt *old*
e	[エー]，[エ]	geben *give*	Leben *life*	Bett *bed*
i	[イー]，[イ]	Bibel *bible*	Kino *cinema*	finden *find*
o	[オー]，[オ]	loben *praise*	Ofen *oven*	kommen *come*
u	[ウー]，[ウ]	Blume *flower*	gut *good*	Bus *bus*
ie	[イー]	Liebe *love*	Knie *knee*	ただし Familie *family*

ä	[エー]，[エ]	口を大きく開けて「エー，エ」と発音		
		Träne *tear*	Bär *bear*	Kälte *cold*
ö	[エー]，[エ]	口を丸くとがらせて「エー，エ」と発音		
		Öl *oil*	hören *hear*	Löffel *spoon*
ü	[イュー]，[イュ]	ウーの口で「イー，イ」と発音		
		fühlen *feel*	küssen *kiss*	Hütte *hut*

au	[アォ]	Auge *eye*	Frau *woman, Mrs.*	Haus *house*
ei	[アィ]	Arbeit *work*	Eis *ice*	Heim *home*
eu	[オィ]	neu *new*	Eule *owl*	Leute *people*
äu	[オィ]	Bäume *trees (pl. < Baum tree)*		träumen *dream*

母音 + h: 母音に続く h 自体には音はなく，直前の母音を長く発音します．
　　　Bahnhof [バーンホーフ] *station*　　　gehen [ゲーエン] *go*

- ドイツ語では名詞は固有名詞に限らず語頭を大書します．
- 動詞の不定詞（原形）は，-en または -n に終わる．

2　注意すべき子音

音節末の

-b	[プ]	Korb *basket*	halb *half*	gelb *yellow*
-d	[ト]	Freund *friend*	Hand *hand*	Kind *child*
-g	[ク]	Berg *mountain*	Flug *flight*	Tag *day*
		ただし Körbe *(pl. < Korb)*	Hände *(pl. < Hand)*	Tage *(pl. < Tag)*

r [ル]		Bruder *brother*	Mutter *mother*	Bier *beer*

📘 -er や長母音のあとの r は，多くの場合，母音化して軽く「ア」と発音されます．

		Radio *radio*	Recht *right*	reich *rich*
ch (a, o, u, au のあと) ハ，フ，ホの子音				
		Nacht *night*	Buch *book*	Tochter *daughter* auch *too*
ch (上記以外の ch) ヒの子音				
		ich *I* nicht *not*	reich *rich*	Mädchen *girl*
pf [プフ]		Kopf *head*	Apfel *apple*	Pfeife *pipe*
-ig [イヒ]		König *king*	Honig *honey* ただし	Könige *kings*
j [イェ]		Japan *japan*	Jahr *year*	jetzt *now*
-ng [ング]		Junge *boy*	Ring *ring*	bringen *bring*
s (母音の前) [ズ]		Sommer *summer*	Sohn *son*	Suppe *soup*
sp [シュプ] (語頭で)		spielen *play*	Sprache *language*	Sport *sport*
st [シュト] (語頭で)		Stein *stone*	Stunde *hour*	stehen *stand*
ß [ス]		Straße *street*	Fuß *foot*	grüßen *greet*
v [フ]		Vater *father*	Volkslied *folk song* ただし	Vase *vase*
w [ヴ]		Weg *way*	Wein *wine*	Woche *week*
z [ツ]		Zug *train*	Zeit *time*	Herz *heart*
qu [クヴ]		Quelle *source*	Quittung *receipt*	
sch [シュ]		Schiff *ship*	Schule *school*	schwimmen *swimm*
tsch [チュ]		deutsch *German*	Deutschland *Germany*	
-ds, -tz, -ts [ツ]		abends *in the evening*	Platz *place*	nichts *nothing*
-dt [ト]		Stadt *town*		
-chs [クス]		Fuchs *fox*	wachsen *grow*	
-x [クス]		Taxi *taxi*	Text *text*	

🎧 挨 拶

Guten Morgen　　　おはようございます
Guten Tag　　　　　こんにちは
Guten Abend　　　　こんばんは
Gute Nacht　　　　　おやすみなさい
Auf Wiedersehen　　さようなら
Tschüss

Danke schön　　　　ありがとうございます
Vielen Dank
Herzlichen Dank
Bitte schön　　　　　どういたしまして／どうぞ
Entschuldigung　　　すみません／ごめんなさい
Entschuldigen Sie bitte!　すみません／ごめんなさい

ベルリン，シュプレー川から
ボーデ博物館をのぞむ

Verzeihung!	すみません／ごめんなさい	
ja — nein	はい — いいえ	
Wie geht es Ihnen?	Danke gut, und Ihnen?	
How are you?	*Fine thank you and you ?*	

数 詞 1

基 数 (0〜20)

0	null	6	sechs	12	zwölf	18	achtzehn
1	eins	7	sieben	13	dreizehn	19	neunzehn
2	zwei	8	acht	14	vierzehn	20	zwanzig
3	drei	9	neun	15	fünfzehn		
4	vier	10	zehn	16	sechzehn		
5	fünf	11	elf	17	siebzehn		

練 習

次の略語を読みなさい．（アルファベット読みをし、アクセントは最後の文字におく）

BRD（ドイツ連邦共和国）　　EU（ヨーロッパ連合）　　TH（工業大学）
VW（自動車名：フォルクスワーゲン）　　BMW（自動車名）　　USA（USA）
CDU（キリスト教民主同盟）　　SPD（ドイツ社会民主党）

ベルリン連邦議会議事堂

Lektion 1
Dialog

Die Begegnung

Gerlinde: Guten Tag. Ich heiße Gerlinde Jensen.
　　　　　Wie heißen Sie?

Yuko: Guten Tag. Ich heiße Yuko Yamamoto.
　　　 Ich komme aus Japan.
　　　 Frau Jensen, woher kommen Sie?

Gerlinde: Ich komme aus Frankfurt. Jetzt wohne ich hier in Berlin.
　　　　　Wo wohnen Sie, Frau Yamamoto?

Yuko: Ich wohne jetzt auch in Berlin, im Studentenwohnheim[1].

Gerlinde: Sind Sie Studentin[2]?

Yuko: Ja. Frau Jensen, was sind Sie von Beruf[3]?

Gerlinde: Ich bin Deutschlehrerin.

1　**im Studentenwohnheim**：「学生寮に」
2　**Studentin**：Student の女性形．-in は女性形をつくる接尾辞．例：Lehrer＋-in ＞ Lehrerin
3　**von Beruf**：「職業（について）は」

Grammatik

I 動詞の現在人称変化（1）

　動詞の原形を**不定詞**（不定形）といい，不定詞は -en（または -n）という語尾で終わります．動詞は一般に不定詞の語尾を除いた**語幹**，にそれぞれの人称語尾をつけて以下のように人称変化します．人称変化した動詞の形を**定動詞**（定形）といいます．

不定詞 wohnen「住んでいる」（語幹 wohn＋語尾 -en）					
数 人称	単　　数			複　　数	
1人称	ich (I)	wohne	-e	wir (we)　wohnen	-en
2人称	du (you)	wohnst	-st	ihr (you)　wohnt	-t
3人称	er (he) sie (she) es (it)	wohnt wohnt wohnt	-t	sie (they)　wohnen	-en
	（敬称の Sie）Sie (you) wohnen				

- sein（英語の be 動詞）を除いて，1人称と3人称複数の定動詞の形は不定詞と同形になります．
- 家族・親族・友人などの親しい間柄では2人称単数で du（複数 ihr）を，それほど親しくない普通の付き合いの人や目上の人には，単数でも複数でも敬称の Sie を使います．

　語幹が d-, t-, chn-, -ffn に終わる動詞（finden「見つける」, arbeiten「働く」, rechnen「計算する」, öffnen「開ける」など）は2人称単数・複数および3人称単数で人称語尾の前に口調上の -e- を入れます．

不定詞 finden「見つける」（語幹 find-＋語尾 -en）					
数 人称	単　　数			複　　数	
1人称	ich	finde	-e	wir　finden	-en
2人称	du	findest	-est	ihr　findet	-et
3人称	er sie es	findet findet findet	-et	sie　finden	-en
	（敬称の Sie）Sie finden				

II sein「…である」, haben「持っている」の現在人称変化

sein			
ich	bin	wir	sind
du	bist	ihr	seid
er	ist		
sie	ist	sie	sind
es	ist		

haben			
ich	habe	wir	haben
du	hast	ihr	habt
er	hat		
sie	hat	sie	haben
es	hat		

Grammatik

Ⅲ 定動詞の位置（1）
ドイツ語では文の中で定動詞を置く位置が決められています．

1）定動詞第二位
平叙文および疑問詞をもつ疑問文では定動詞は二番目に置かれます．

Er **wohnt** jetzt in Köln.
Jetzt **wohnt** er in Köln.

Wie **heißen** Sie?
Woher **kommen** Sie?　　— Ich **komme** aus Japan.
あなたはどこから来たのですか．　　　私は日本から来ました．

Wohin **fahren** Sie?　　— Ich **fahre** nach Deutschland.
あなたはどこに行くのですか．　　　私はドイツへ行きます．

2）定動詞文頭
疑問詞を用いない疑問文では，定動詞は文頭に置かれます．

Wohnen Sie in Köln?
Nein, ich **wohne** nicht in Köln, sondern in München.

- nicht..., sondern...: *not... but...*
- 英語とは異なりドイツ語では疑問文，否定文で助動詞を必要としません．

ケルン大聖堂とライン川

ミュンヒェン新市庁舎

Übungen

I それぞれの不定詞を適当な形に変化させて和訳しましょう．

1. (sein) Sie Student / Studentin? — Ja, ich (sein) Student / Studentin.
   国籍・身分・職業を挙げる場合，ドイツ語では冠詞をつけません．
2. (sein) du schon müde? — Nein, ich (sein) noch nicht müde.
3. Ich (spielen) heute Tennis. (spielen) du auch?
4. Peter (trinken) gern* Bier. Was (trinken) ihr gern?   *gern: 好んで，〜するのが好きだ
5. Wo (studieren) Hans? — Er (studieren) in Berlin.
6. (lernen) Sie Englisch? — Nein, ich (lernen) nicht Englisch, sondern Deutsch.
7. Herr Tanaka (wohnen) in Köln. Er (arbeiten) immer fleißig.
8. (haben) du Hunger? — Ja, ich (haben) Hunger.
9. Ich (lieben) Martina, aber sie (lieben) Heinz.
10. Er (öffnen) die Tür.

II 次の問にドイツ語で答えましょう．

1. Wie heißen Sie?
2. Wo wohnen Sie?
3. Woher kommen Sie?
4. Was sind Sie von Beruf?

III 次の文を，文頭の語句に代えて書き換えてみましょう．

Ich reise morgen nach Deutschland.　［和訳：　　　　　　　　　　　　　　　］

Morgen _____ . / Nach Deutschland _____ .

IV ドイツ語で作文しましょう．

1. ミュラーさん (Herr Müller) はどこの出身ですか？ — 彼はウィーン (Wien) の出身です．
2. エミ (Emi) はきょう (heute) 誕生日です (Geburtstag haben)．彼女は18歳 (〜 Jahre alt) です．

Lektion 2
Dialog

Yuko und Gerlinde

Yuko und Gerlinde sind auf einer Party.[1]

Yuko: Frau Jensen, was trinken Sie gerade?

Gerlinde: Ich trinke Apfelsaftschorle. Das ist Apfelsaft mit Sprudel. Frau Yamamoto, was studieren Sie?

Yuko: Ich studiere in Japan Germanistik. Aber jetzt gehe ich in den Deutsch-Sprachkurs. Im Herbst studiere ich dann hier Germanistik.

Gerlinde: Ach so. Frau Yamamoto, haben Sie Geschwister?

Yuko: Ja, ich habe einen Bruder, Keisuke. Er ist 17 Jahre alt. Er geht in Japan noch in die Schule. Und Sie? Haben Sie Geschwister?

Gerlinde: Ja, ich habe eine Schwester, Jutta. Sie arbeitet in Hamburg. Frau Yamamoto, ich habe auch einen Sohn und eine Tochter. Max ist 16 Jahre alt, und Julia ist vier Jahre alt. Max schmimmt gern, und Julia spielt gern Klavier.

---

[1] **auf einer Party**:「あるパーティーに」

Grammatik

Ⅰ 定冠詞と名詞の格変化

　ドイツ語の名詞には男性・女性・中性という性の区別があり、冠詞も名詞の性に応じて変化します。男性名詞と中性名詞の単数2格には名詞に -s または -es を、また複数3格には -n をつけます。

	男　性 (m.)	女　性 (f.)	中　性 (n.)	複　数 (pl.)
1格	der　Vater	die　Mutter	das　Kind	die　Kinder
2格	des　Vater**s**	der　Mutter	des　Kind**es**	der　Kinder
3格	dem　Vater	der　Mutter	dem　Kind	den　Kinder**n**
4格	den　Vater	die　Mutter	das　Kind	die　Kinder

Der Vater des Kindes ist Arzt.　　この子供の父親は医者です。

　▪ 2格はかかる名詞の後ろに置かれます。

Ⅱ 不定冠詞と名詞の格変化

	男　性	女　性	中　性
1格	ein　　Löffel	eine　　Gabel	ein　　Messer
2格	eines　Löffel**s**	einer　Gabel	eines　Messer**s**
3格	einem　Löffel	einer　Gabel	einem　Messer
4格	einen　Löffel	eine　　Gabel	ein　　Messer

Die Mutter bringt dem Kind einen Löffel.　　母親は子供にスプーンを持ってきます。

Ⅲ 名詞の複数形

　ドイツ語の名詞の複数形には5つのタイプがあります。

タイプ		単　数	複　数
ゼロ型	―	der　Wagen	die　Wagen
	⸚	der　Bruder	die　Brüder
E 型	―e	der　Tag	die　Tage
	⸚e	die　Nacht	die　Nächte
R 型	―er	das　Kind	die　Kinder
	⸚er	das　Buch	die　Bücher
N 型	―en	die　Frau	die　Frauen
	―n	die　Schwester	die　Schwestern
S 型	―s	das　Foto	die　Fotos
		das　Hotel	die　Hotels

　▪ S型名詞の複数3格には -n をつけません。
　▪ 後綴り -in をもつ名詞の複数形： …nen
　　Studentin → Studentin**nen**　　Polizistin → Polizistin**nen**

Grammatik

Ⅳ 男性弱変化名詞

男性名詞の中には単数1格以外が **-n** または **-en** に終わるものがあります．これを男性弱変化名詞といいます．

Junge 少年			Student 大学生		
	単 数	複 数		単 数	複 数
1格	der Junge	die Jungen	1格	der Student	die Studenten
2格	des Jungen	der Jungen	2格	des Studenten	der Studenten
3格	dem Jungen	den Jungen	3格	dem Studenten	den Studenten
4格	den Jungen	die Jungen	4格	den Studenten	die Studenten

辞書の表示

斜線の左側には単数2格，右側には複数1格の形が示されています．

Wagen 男 ― s ／ ― 　　Buch 中 ― [e]s ／ ¨er
Nacht 女 ― ／ ¨e 　　　Auto 中 ― s ／ ― s
Baum 男 ― [e]s ／ ¨e 　　Student 男 ― en ／ ― en

📖 au がウムラウトすると äu [オィ] となります．
　　Baum > Bäume [ボィメ]

市場の果物を売る屋台

Übungen

Ⅰ 下線部に適切な冠詞（d__ は定冠詞，ein__ は不定冠詞）を補い和訳しなさい．

1. D__ Buch ist sehr interessant.
2. D__ Tochter d__ Frau spielt sehr gut Klavier.
3. D__ Sohn kauft heute ein__ Roman.
4. Peter bringt d__ Vater ein__ Zeitung.
5. D__ Auto d__ Onkels ist sehr teuer.
6. D__ Tante verkauft d__ Wagen. Er ist schon sehr alt.
7. D__ Unterricht d__ Lehrers ist sehr interessant.
8. Ich suche ein__ Jacke. — Welche* Größe brauchen Sie? *welcher: 疑問詞 which
9. Ich schenke d__ Frau ein__ Handy.
10. Jeden Tag schreibt Thomas d__ Freundin ein__ E-Mail.

Ⅱ (　　　) 内の語を複数形にして文を書き換え，和訳しましょう．

1. (Das Haus) ist sehr groß.
2. Die Eltern (des Kindes) sind noch jung.
3. Heute zeige ich (dem Freund) (ein Foto*).   *不定冠詞つきの名詞は複数では無冠詞になります．
4. (Der Sohn) des Arztes studiert Medizin.
5. (Der Student) kommt aus Japan.

Ⅲ ドイツ語で作文しましょう．

1. 木村さん (Herr Kimura) には息子 (Sohn 男) が一人います (haben)．その息子は自転車を二台 (Fahrrad の複数形) 持っています (haben)．
2. その政治家 (Politiker 男) の娘 (Tochter 女) はピアニスト (Pianistin 無冠詞) です．彼女には息子が二人と (und) 娘が一人います．
3. 私はその先生 (Lehrer 男) に一枚の写真 (Bild 中) を見せます (zeigen)．

Ⅳ 2人ずつ組になって次の質問にドイツ語で答えましょう．

1. Haben Sie Geschwister?
   — Ja, … [eine Schwester / einen Bruder / zwei Schwestern / zwei Brüder]
   — Nein, ich habe keine* Geschwister.   *keine: 不定冠詞類　第4課参照
2. Was machen Sie gern?
   [schwimmen / singen / tanzen etc.]
   [Musik hören] [einkaufen gehen] [Klavier / Tennis / Fußball spielen]
3. Was trinken Sie gern?
   [Kaffee / Tee / Saft / Apfelsaftschorle / Milch / Bier / Wein]

Lektion 3

Dialog

Der Samstag

Gerlinde und Paul Jensen wohnen in Berlin. Paul ist Musiker und spielt in einem Orchester[1] Cello. Die Kinder Max und Julia sind 16 und 4 Jahre alt. Max ist Schüler, und Julia geht in den Kindergarten.
Heute ist Samstag.

Gerlinde: „Julia! Es ist schon sieben Uhr! Komm, wasch das Gesicht und iss das Frühstück! Wir fahren heute in den Zoo!"

Um neun Uhr[2] fährt die ganze Familie in den Zoo.

Gerlinde: „Julia, renn nicht so schnell! Sonst fällst du."
Julia: „Mutti, schau mal! Der Eisbär schwimmt!"
Gerlinde: „Julia, geh langsam!"
Julia: „Max, guck mal! Da sind Pinguine!"
Max: „Ja, ich sehe. Julia, mach mal eine Pause und trink ein bisschen Saft. Sonst bist du nachher erschöpft."

Max gibt Julia eine Flasche Orangensaft.
Um zwölf Uhr sind sie alle müde, fahren nach Hause und essen zu Mittag.

[1] **in einem Orchester**:「あるオーケストラで」
[2] **um neun Uhr**:「9時に」

Grammatik

I 動詞の現在人称変化 (2)

2人称単数，3人称単数で，幹母音が変化する動詞があります．

不定詞	fahren [語幹 fahr-]	sprechen [語幹 spech-]	geben [語幹 geb-]	lesen [語幹 les-]	sehen [語幹 seh-]	werden [語幹 werd-]	wissen [語幹 wiss-]
ich	fahre	spreche	gebe	lese	sehen	werde	weiß
du	**fährst**	**sprichst**	**gibst**	**liest**	**siehst**	**wirst**	**weißt**
er	**fährt**	**spricht**	**gibt**	**liest**	**sieht**	**wird**	**weiß**
wir	fahren	sprechen	geben	lesen	sehen	werden	wissen
ihr	fahrt	sprecht	gebt	lest	seht	werdet	wisst
sie	fahren	sprechen	geben	lesen	sehen	werden	wissen

Er spricht fließend Deutsch.　　　彼はドイツ語を流ちょうに話す．
Die Mutter wird wieder gesund.　　母はまた元気になる．

▶ 現在人称変化で幹母音の変化する動詞は，辞書の見出し語または辞書巻末の不規則動詞変化表（直説法現在の欄）に変化形が示されています．

II 命令形

	du に対して -[e]	ihr に対して -t	Sie に対して -en Sie
kommen	komm	kommt	kommen Sie
sagen	sag[e]	sagt	sagen Sie
geben	gib	gebt	geben Sie
sprechen	sprich	sprecht	sprechen Sie
lesen	lies	lest	lesen Sie
sehen	sieh	seht	sehen Sie

現在人称変化2人称単数で幹母音が e から i や ie に変化する動詞は，du に対する命令形で -e はつけません．

sein の命令形

du に対して	Ihr に対して	Sie に対して
sei	**seid**	**seien Sie**

Lerne fleißig Deutsch!　　　　ドイツ語を一生懸命学びなさい．
Kommen Sie bitte pünktlich!　　時間通りに来て下さい．

(neunzehn) 19

Übungen

I 次の文を（　　）内の代名詞や名詞を主語にして，書き換えましょう．

1. Morgen fahre ich nach Berlin.　　(du / Anna / wir)
2. Ich werde Lehrer.　　(du / Klaus / wir)
3. Wir essen gern Obst.　　(ich / du / Mariko)
4. Welche Filme sehen Sie?　　(du / er / ihr)
5. Ich nehme den Bus.　　(du / Petra / wir)

II （　　）内の動詞を適切な形にし，和訳しましょう．

1. In Österreich (sprechen) man Deutsch.
2. Ich (lesen) die Zeitung. Peter (lesen) den Roman.
3. Die Stadt (gefallen*) der Frau.　　*人³ gefallen: 人³ の気に入る
4. Klaus (helfen*) immer dem Jungen.　　*人³ helfen: 人³ を助ける
5. Die Studentin (tragen) immer Jeans.
6. In Deutschland (geben) es* 16 Bundesländer.　　*es gibt 〜⁴: 〜⁴ がある

III それぞれ命令形にして，和訳しましょう．

1. (kommen) schnell, Klaus!
2. (sprechen) Sie bitte langsam!
3. Kinder! (sein) ruhig!
4. (wecken) mich bitte um 6 Uhr, Elke!
5. (essen) mehr Gemüse, Peter!

IV ドイツ語で作文しましょう．

1. その医者 (Arzt 男) はあす (morgen) ハンブルクへ (nach Hamburg) 行きます (fahren)．
2. その音楽家 (Musiker 男) はベルリンに (in Berlin) 住んでいます．彼はもうじき (bald) 80歳に (〜 Jahre alt) なります (werden)．
3. ここに (hier) お座り (Platz nehmen) 下さい．(bitte を用いて)
4. 毎週日曜日に (sonntags) Heinz は洗濯物を (Wäsche) 洗う (waschen)．

Übungen

Ⅴ 2人ずつ組になって次の質問にドイツ語で答えましょう．

1. Sprechen Sie gut Englisch / Deutsch / Japanisch?
2. Was ist Ihr Hobby? — Mein Hobby ist … .
   [Karaoke / Karate / Tanzen / Lesen / Fußball / Tischtennis]
3. Liest du gern? / Schwimmst du gern?
4. Wie alt bist du? — Ich bin _____ Jahre alt.

ベルリン，カイザーウィルヘルム記念教会

ドイツの首都ベルリン

　ドイツで今一番ホットな町と言えばベルリンでしょう．第二次大戦後，ベルリンの壁により東と西に分断されていたこの町は，ドイツ再統一に伴い再び一つになり，統一ドイツの首都へと返り咲きました．

　かつての東ベルリン地区は再開発され，若い人たちが集うおしゃれな街へと変身を遂げています．ベルリンはヨーロッパ中からたくさんの観光客が訪れる観光都市へと変貌を遂げたのです．

　ただし，「ヨーロッパ最大の工事現場」と言われた状況は続いています．中央駅や首相官邸付近は現在も至るところで工事が行われており，新しいベルリンの空港を巡るトラブルは何年たっても収まりません．この「変わり続けること」こそがベルリンらしさなのかもしれません．

Lektion 4
Dialog

In der Mensa

Ahmed: Hallo, ist dieser Stuhl noch frei?

Yuko: Ja, bitte. Nimm Platz.

Ahmed: Ich heiße Ahmed. Wie heißt du?

Yuko: Ich heiße Yuko. Ich komme aus Japan.

Ahmed: Ach, Japan ist so weit weg. Wohnt deine Familie dort?

Yuko: Ja, meine Familie wohnt in Tokyo. Und du? Woher kommst du?

Ahmed: Ich bin Türke, aber ich bin in Berlin geboren[1]. Meine Eltern wohnen hier, aber mein Bruder wohnt in Frankfurt.
Sag mal, hast du diesen Nachmittag Zeit? Meine Freunde und ich, wir spielen heute Nachmittag Tischtennis.

Yuko: Ja, ich habe Zeit. Und ich spiele auch sehr gern Tischtennis. Dann hole ich nachher meinen Tischtennisschläger vom Studentenwohnheim.

Ahmed: Das ist nicht nötig. Wir spielen im Studentenwohnheim.

---

[1] **geboren**:「生まれた」

Grammatik

I 定冠詞類（dieser 型）の格変化

	男 性	女 性	中 性	複 数
1格	dies**er** Mann	dies**e** Frau	dies**es** Mädchen	dies**e** Männer
2格	dies**es** Mann[e]s	dies**er** Frau	dies**es** Mädchens	dies**er** Männer
3格	dies**em** Mann	dies**er** Frau	dies**em** Mädchen	dies**en** Männer**n**
4格	dies**en** Mann	dies**e** Frau	dies**es** Mädchen	dies**e** Männer

dieser (*this*)   jeder (*each*, 単数のみ)   jener (*that*)   mancher (*many*)
solcher (*such*)   welcher (*which*)

Dieser Mann ist Polizist.
この男性は警官です.

Welcher Wochentag ist heute? — Heute ist Mittwoch.
今日は何曜日ですか. 　　　　　　　　　今日は水曜日です.

Jedes Ding hat zwei Seiten.
物事には二つの側面がある

Solchen Unsinn glaubt man doch nicht. 　　そんなばかげたこと誰も信じないよ.

II 不定冠詞類（mein 型）の格変化

	男 性	女 性	中 性	複 数
1格	mein Sohn	mein**e** Tochter	mein Kind	mein**e** Kinder
2格	mein**es** Sohn[e]s	mein**er** Tochter	mein**es** Kind**es**	mein**er** Kinder
3格	mein**em** Sohn	mein**er** Tochter	mein**em** Kind	mein**en** Kinder**n**
4格	mein**en** Sohn	mein**e** Tochter	mein Kind	mein**e** Kinder

mein (*my*),   dein (*your*),   sein (*his*),   ihr (*her*),   sein (*its*)
unser (*our*),   euer (*your*),   ihr (*their*)   Ihr (*your*);   kein (*no*)

Mein Sohn fährt nach Deutschland.
私の息子はドイツに行く.

Dieses Buch gehört **meiner** Tante.
この本は私のおばのものです.
　　　　　　　　　　　　　　　　　　　　人³ gehören: 人³ のものである

Wir danken herzlich **uns[e]rem** Lehrer.
私たちは先生に心から感謝しています. 　　　　　人³ danken: 人³ に感謝する, 礼を言う

▪ uns[e]rem: unserem のように -e- が続く場合，最初の -e- を省略した形もよく使われます．
　　　例　eu[e]rem

Die Kinder besuchen **dieses** Jahr die Heimat ihrer Mutter.

子供たちは今年，母親の故郷を訪れます．

4格の副詞的用法

ドイツ語では2格と4格の中には副詞として使われるものがあります．

2格の副詞的用法　例　eines Tages「ある日」　　4格の副詞的用法　例　dieses Jahr「今年」

Ahmed hat heute **keine** Zeit.

アーメドは今日，時間がありません．

トルコ食品の店

Dörner Kebab の店

ベルリンのトルコ人

　ベルリンにはとてもたくさんの外国人が住んでいますが，特に多いのがトルコの人たちです．経済成長期に出稼ぎにきた „Gastarbeiter" の人たちがそのまま住み着いて，現在では2世，3世の時代になっています．彼らはもうドイツの国籍を持ち，ドイツ人として暮らしていますが，トルコの文化も忘れずに生活しています．そのためベルリンにはとてもたくさんの „Döner Kebab"（トルコ風サンドイッチ）のキオスクや，トルコレストランやトルコのお菓子屋さん，たくさんのトルコの八百屋さんやスーパーなどがあります．トルコ系の人たちだけでなく，ドイツの人たちもこれらのお店が大好きで，よく利用しています．

　巨大なモスクとトルコ市場がある地区など，地下鉄の駅を出ると，「ここはイスタンブールではないのか？」と錯覚するような地区もたくさんあります．

Übungen

I （　　）内の動詞は適切な形に直し，下線部には語尾を入れ文を完成しましょう．

1. Michael (geben) sein___ Tante dies___ Blumen.
2. Jeden Morgen* (lesen) mein___ Großvater dies___ Zeitungen.

   *jeden Morgen：「毎朝」4格の副詞的用法

3. Dies___ Student (tragen) eine Brille.
4. Er (helfen) immer sein___ Mutter.
5. Er (nehmen) sein___ Urlaub im Juli.
6. Leider (wissen) ich ihr___ Telefonnummer nicht.
7. Dies___ Hut gehört sein___ Vater.
8. Heinz schenkt sein___ Bruder dies___ Buch zum Geburtstag.
9. Hast du Zeit? — Nein, ich habe kein___ Zeit.
10. Hast du ein___ Auto? — Nein, ich brauche kein___ Auto.
11. Wer ist dein___ Lieblingsautor? — Mein___ Lieblingsautor ist Michael Ende.
    Ich finde sein___ Roman sehr interessant.

II ドイツ語で作文しましょう．

1. 私の母は流ちょうに (fließend) フランス語 (Französisch 無冠詞で) を話し (sprechen) ます．
2. この (dieser) 自転車 (Fahrrad 中) は彼の叔父 (Onkel 男) のもの (入³ gehören) です．
3. 今日 (文頭に)，私はお金 (Geld 中) をもっていません．(kein を用いて)

III 2人ずつ組になって次の質問にドイツ語で答えましょう．

1. Hast du heute Nachmittag/am Sonntag/am Wochenende Zeit?

   — Ja, … — Nein, … .

2. Wo wohnt deine Familie?

   — Mein (　　) Familie …/Mein (　　) Bruder …/Mein (　　) Schwester/Mein (　　) Eltern
   wohnt/wohnen … .

3. Was studieren Sie?

   — …[Germanistik / Mathematik / Musik / Wirtschaft / Jura / Biologie / Chemie / Medizin]

4. Haben Sie Kinder? — Nein, … .

Lektion 5   Was wirst du an diesem Wochenende machen?

Dialog

Ahmed: Hallo, Yuko. Hier spricht Ahmed. Was wirst du an diesem Wochenende machen?

Yuko: Hallo, Ahmed. Ich weiß noch nicht. Warum?

Ahmed: Meine Mutter will am Samstag türkisch kochen. Sie kocht immer sehr viel, deshalb kannst du gern zum Essen[1] kommen.

Yuko: Ich komme gern. Aber was soll ich deiner Mutter bringen? Blumen oder Kuchen?

Ahmed: Das ist nicht nötig. Aber vielleicht kannst du etwas früher kommen und meiner Mutter helfen. Das freut sie bestimmt, und du kannst auch ein bisschen türkisch kochen lernen.

Yuko: Ja, das werde ich machen. Und hinterher kann ich beim Aufräumen[2] helfen. Wann soll ich denn kommen?

Ahmed: Ich komme um zwei Uhr ins Studentenwohnheim[3]. Dann werden wir zusammen zu mir[4] fahren.

Yuko: Gut. Aber musst du nicht am Wochenende für die Klausur lernen?

Ahmed: Ach, das kann ich am Sonntag machen.

---

[1] zum Essen：「食事に」
[2] beim Aufräumen：「片づけるときに」
[3] ins Studentenwohnheim：「学生寮へ」
[4] zu mir：「私のところへ」

Grammatik

Ⅰ 未来時称：未来の助動詞 werden の現在形＋…不定詞（文末）

未来の助動詞 werden の現在形は 19 頁と同じものを使います．

Meine Frau wird wieder gesund werden.
私の妻はまた元気になるでしょう．（予想）

Er wird jetzt noch schlafen.
彼は今まだ眠っているでしょう．（推測）

Ich werde im nächsten Monat ein Auto kaufen.
私は来月車を買うつもりだ．（意志）

Ⅱ 話法の助動詞

話法の助動詞はふつう文末に不定詞を伴って用いられます．不定詞を伴わず，話法の助動詞が単独で用いられる場合もあります．

Er kann gut Deutsch sprechen.
彼はドイツ語をうまく話すことができる．

Er kann gut Deutsch.
彼はドイツ語がうまい．

Ⅲ 話法の助動詞の現在人称変化

不定詞	dürfen	können	mögen	müssen	sollen	wollen	möchten*
Ich	darf	kann	mag	muss	soll	will	möchte
du	darfst	kannst	magst	musst	sollst	willst	möchtest
er	darf	kann	mag	muss	soll	will	möchte
wir	dürfen	können	mögen	müssen	sollen	wollen	möchten
ihr	dürft	könnt	mögt	müsst	sollt	wollt	möchtet
sie	dürfen	können	mögen	müssen	sollen	wollen	möchten

▶ möchten は mögen の変化した形です．控えめな要求・願望を表し，日常会話などでは多用されるため，ひとつの独立した話法の助動詞と意識されることも少なくありません．möchten には現在形しかなく，過去形は wollte を用います．

Darf ich hier rauchen?
ここでたばこを吸ってもいいですか．

Hier **dürfen** Sie nicht fotografieren.
ここで写真をとってはいけません．

Er **mag** deutschen Wein.
彼はドイツワインが好きだ．

Ich **muss** jetzt leider gehen.
残念ですがもうおいとましなくてはなりません．

Karl **muss** schwer krank sein.
カールは重病にちがいない．

Grammatik

Sie **müssen** das Buch nicht kaufen.
あなたはその本を買う必要はありません.

Ich **möchte** eine Tasse Kaffee trinken.
コーヒーを一杯飲みたいのですが.

Soll ich das Fenster öffnen?
窓を開けましょうか.

Du **sollst** deine Pflicht tun.
君は義務を果たすべきだ.

Was **willst** du damit sagen?
君はそれでもって何を言いたいのか？

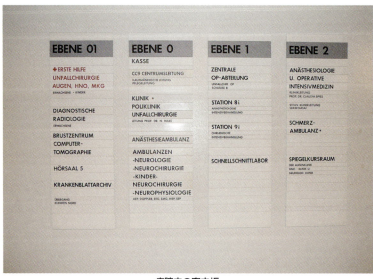

病院内の案内板

Übungen

Ⅰ (　　) 内の話法の助動詞を用いてそれぞれの文を書き換えましょう．

1. Petra wird Musiklehrerin.　　　　　　(wollen)
2. Thomas fliegt nächstes Jahr nach Japan.　(möchten)
3. Ich mache heute meine Hausaufgaben.　(müssen)
4. Morgen trifft er meinen Kollegen.　　(müssen)
5. Meine Mutter spricht fließend Deutsch.　(können)
6. Hier spielen die Kinder.　　　　　　　(dürfen)
7. Mein Sohn studiert Jura.　　　　　　　(wollen)
8. Klaus bleibt heute zu Hause*.　　　　　(sollen)　　　＊zu Hause: 家に，家で

Ⅱ 和訳しましょう．

1. Hier darf man nicht rauchen.
2. Leider kann ich deinem Bruder nicht helfen.
3. Morgen wird er nach Paris fahren.
4. Der Mann mag etwa 50 Jahre alt sein.
5. Meine Mutter kann nachts nicht gut schlafen.
    Sie soll abends keinen Kaffee mehr trinken.

Ⅲ ドイツ語で作文しましょう．

1. 私はここに (hier) 駐車して (parken) よろしいですか．（dürfen を用いて）
2. 毎日 (jeden Tag 文頭にして) 君は (du) ドイツ語 (Deutsch 無冠詞で) を勉強しなければなりません．
   （müssen を用いて）
3. 私はあす (morgen) ドレスを一着 (Kleid 中) 買いたい．（kaufen, möchten を用いて）

Ⅳ 2人ずつ組になってドイツ語で質問に答えましょう．

1. Was werden Sie / Was wirst du / am Wochenende machen?
2. Können Sie kochen / schwimmen / gut Englisch sprechen / Auto fahren?
3. Was müssen Sie morgen machen?

Lektion 6   In die Oper
Dialog

Yuko möchte heute nach Dresden fahren, denn morgen Abend geht sie dort in die Oper. Die Eintrittskarte hat sie schon. Yuko will auch die Stadt besichtigen. Jetzt geht sie zum Bahnhof.

Yuko: Einmal nach Dresden hin und zurück, bitte.

Beamter: Wann wollen Sie fahren?

Yuko: Ich möchte heute Vormittag mit dem ICE[1] fahren, und am Sonntag Abend muss ich wieder mit dem ICE nach Berlin zurück.

Beamter: Einmal Dresden hin und zurück, mit dem ICE. Aber wissen Sie, man kann mit dem ‚Wochenende-Ticket' viel billiger[2] fahren. Man kann dann nur nicht mit den Schnellzügen fahren.

Yuko: Ja, ich weiß. Aber leider habe ich nicht so viel Zeit. Am Sonntag muss ich wieder zurück sein, und ich fahre zum ersten Mal nach Dresden. Ich möchte in Dresden so viel sehen.

Beamter: Ich verstehe. Die Museen und Kirchen müssen Sie unbedingt besuchen, und die Semper-Oper müssen Sie auch unbedingt besichtigen.

Yuko: Ja, zum Glück habe ich schon eine Eintrittskarte für die Oper morgen Abend.

Beamter: Ach, das ist ja schön. Viel Spaß! Die Fahrkarte kostet 105[3] Euro. Der ICE fährt um 9.21 Uhr vom Gleis 17.

ICE

---
1 **ICE**: Inter City Express
2 **viel billiger**:「はるかに安く」
3 **105**: hundertfünf と読む。

Grammatik

I 前置詞の格支配

1) 2格支配の前置詞

statt	…のかわりに	trotz	…にもかかわらず
während	…のあいだ	wegen	…のために usw.

Statt ihres Vaters besucht Eva ihren Onkel.　父の代わりにエヴァが彼女のおじさんを訪問する.
Während der Sommerferien bleiben wir bei meiner Tante.
夏休みのあいだ私たちはおばさんのところに滞在する.

2) 3格支配の前置詞

aus	…(の中)から	bei	…のもとで, …の際に	mit	…とともに, …を使って
nach	…のあとで, …へ	seit	…以来	von	…から, …について	zu …のところへ usw.

Er kommt **aus** dem Zimmer.　彼は部屋から出てくる
Mit meinem Freund mache ich einen Spaziergang.　私は友人と一緒に散歩をする

3) 4格支配の前置詞

bis	…まで	durch	…を通って, …によって	für	…のために
gegen	…に反して	ohne	…なしに	um …のまわりに usw.

Er arbeitet **für** seine Familie.　彼は家族のために働いている
Ich trinke immer Kaffee **ohne** Zucker.　私はいつもコーヒーを砂糖を入れずに飲む.

4) 3格または4格支配の前置詞

an	きわで(へ)	auf	上で(へ)	hinter	後ろで(へ)	in	中で(へ)	neben	横で(へ)
über	上方で(へ)	unter	下で(へ)	vor	前で(へ)	zwischen	間で(へ)		

動作の行われる場所：3格　Ich wohne **in der** Stadt.　私は町に住んでいる.
動作の行われる方向：4格　Ich fahre **in die** Stadt.　私は町へ行く.

▸ 3格, 4格の使い分けは, 動詞の意味が「場所」を問題にしているのか, それとも「方向」を問題にしているかを考えてみるとよいでしょう.

II 前置詞と定冠詞の融合形

am < an dem　　ans < an das　　aufs < auf das　　beim < bei dem　　im < in dem
ins < in das　　vom < von dem　　zum < zu dem　　zur < zu der　　　　　　　usw.

Heute gehe ich **zur** Schule.　今日私は学校へ行く.
Er geht mit seinem Freund **ins** Kino (**ins** Theater).　彼は友人と映画(芝居)に行く.
Ich muss gleich nach Haus.　私はすぐに帰宅しなくてはならない

Grammatik

■ 成句的な表現の場合には融合形が用いられます．

Ⅲ 疑問代名詞
wer (who) と was (what)

1格	wer	was
2格	wessen	──
3格	wem	──
4格	wen	was

Wer ist das?
こちらはどなたですか．

Was ist das?
これは何ですか．

Was kostet das Buch?
この本はいくらですか．

Wessen Hut ist das?　それは誰の帽子ですか．
Wem gehört das Haus?
これは誰の家ですか．
Wen hast du gern?　君は誰を好きなのですか．　　人^4 gern haben: 人^4 が好きである

ドレスデンのツヴィンガー宮殿

ドレスデン

「エルベ川のフィレンツェ」とも称えられたドレスデンは，エルベ川沿いの美しい街で，ツヴィンガー宮殿やゼンパーオペラ（ザクセン州立歌劇場），ドレスデン城や聖母教会など歴史的にも重要な見どころがたくさんあります．また「ドイツ最古」と言われるクリスマスマーケットも有名で，近郊には高級磁器で有名なマイセンや，「ザクセンのスイス」と呼ばれる風光明媚な地域もあります．
　ぜひ一度は訪れてみたいドイツでも人気の観光文化都市です．

Übungen

I （　　）内の定冠詞で適切なものを選び，和訳しましょう．（5.～7. は前置詞と定冠詞の融合形です）

1. Michael wohnt in (der / die) Stadtmitte. Er steigt oft auf (dem / den) Kirchturm.
2. Klaus fährt in (der / die) Schweiz. Seine Freundin wohnt in (der / die) Schweiz.
3. Die Erde kreist um (der / die) Sonne.
4. Nach (dem / das) Mittagessen bummeln wir durch (der / die) Stadt.
5. Alles Gute (zur / zum) Geburtstag, Mariko! Wie alt wirst du denn?
6. Heute Abend sehe ich Fußball (im / ins) Fernsehen. Ich bin ein Fan von Bayern München.
7. Um halb zehn* geht Petra (im / ins) Bett.　　　　　　　　　　*9時半に

II 下線部に適切な語尾を入れて，和訳しましょう．（d__ は定冠詞，ein__ は不定冠詞）

1. Er steigt oft mit sein__ Hund in d__ Bus.
2. Seit zwanzig Minuten warte* ich auf d__ Straßenbahn.　　*auf ~4 warten: ~4を待つ
3. In dies__ Zimmer gibt es eine Dusche.
4. Jutta kauft einen Schrank für ihr__ Kleider.
5. Der Student telefoniert schon wieder mit sein__ Handy.
6. Er legt den Wein in d__ Kühlschrank.
7. Daniel arbeitet in ein__ Internetfirma als Assistent.
8. Wegen d__ Krankheit kommt sie heute nicht zur Uni.
9. Sind Sie mit d__ Wohnung zufrieden*?　　*mit ~3 zufrieden sein: ~3に満足している

III ドイツ語で作文しましょう．

1. 週末に (am Wochenende 文頭に) 私は私のガールフレンドと一緒に (mit) 映画を見に行きます．(ins Kino gehen)
2. 授業中 (während を用いて文頭に) その学生たち (Student の複数形) は寝ています．(schlafen)
3. 私はそれらの本 (Buch の複数形) をインターネットで (im Internet) 注文する (bestellen) つもりです．(wollen を用いて)
4. この本は誰のものですか．(gehören を用いて)
   それは私の父のものです．

Lektion 7
Brief

Ein Brief von Ahmed

Ahmed schreibt seinem Bruder Kemal einen Brief:

Berlin, den 17. Juli 2016

Lieber Kemal,

wie geht es dir in Frankfurt? Arbeitest du immer noch so viel?
Hast du schon einen Plan für den Sommer?
Wenn du im Sommer in Frankfurt bist und Zeit hast, möchte ich dich gern besuchen. Ich möchte gern einige Tage in Frankfurt verbringen, weil ich die Stadt noch gar nicht so gut kenne. Wenn du Lust hast, können wir vielleicht zusammen einige Ausflüge in die Umgebung machen. Und wenn du gerade Ende August Zeit hast, werde ich schauen, ob es ein Bundesliga-Spiel von ‚Eintracht Frankfurt'[1] gibt, und ob wir dafür die Karten kaufen können.
Lieber Kemal, bitte schreib mir, ob du Ende August in Frankfurt bist.
Übrigens, viele Grüße von unseren Eltern.
Es geht ihnen sehr gut, und wenn du Zeit hast, sollst du an einem Wochenende nach Berlin kommen. Mutter denkt, dass du in Frankfurt nicht kochst und ungesund lebst. Deshalb möchte sie dich unbedingt bald sehen. Du kannst ja telefonieren, wenn du nicht kommen kannst.

Herzlichst
dein Ahmed

---

[1] ‚Eintracht Frankfurt': 「アィントラハト　フランクフルト」（ドイツ・プロサッカーチーム名）

Grammatik

I 従属接続詞

副文（従属節）を導き，副文の中では**定動詞**は**文末**に置かれます．

> **als** (*when, as* 過去文)　　**dass** (*that*)　　**wenn** (*when*)　　**weil** (*because*)
> **obwohl, obgleich** (*though*)　　**ob** (*if*)　　*usw.*

Ich weiß, **dass** sie nach Deutschland **fährt**.　　私は彼女がドイツに行くことを知っている．
　主文　　　　　　副文

Weil er krank ist, **kommt** er heute nicht.　　彼は病気なので，今日は来ない．
　副文　　　　　　主文

▪ 副文に続く主文の定動詞は文頭に置かれます．

II 並列接続詞

文と文を結合させる接続詞で，定動詞の語順に影響を与えません．

> **aber** (*but*)　　**denn** (*for*)　　**oder** (*or*)　　**und** (*and*)
> [nicht]…**sondern** (*not…but*)　　*usw.*

Emiko lernt Deutsch, **denn** sie fährt nach Deutschland.
　　エミコはドイツ語を学んでいます，というのは彼女はドイツへ行くからです．

誤: Emiko lernt Deutsch, denn fährt sie nach Deutschland.

▪ 並列接続詞のすぐ次に定動詞を置くのは誤り．並列接続詞の次には定動詞以外のものを置きます．

III 相関的な接続詞

二つ以上の語を組み合わせて用います．

> **sowohl … als auch** (*both…and*)　　**entweder… oder** (*either…or*)
> **nicht nur … sondern [auch]** (*not only… but also*)　　*usw.*

Dieses Buch ist **nicht nur** interessant, **sondern auch** lehrreich.
　　この本は面白いだけではなく，教えに富んでいる

IV 人称代名詞の格変化

1格	ich	du / Sie	er	sie	es	wir	ihr / Sie	sie
2格	(meiner)	(deiner/Ihrer)	(seiner)	(ihrer)	(seiner)	(unser)	(euer / Ihrer)	(ihrer)
3格	mir	dir / Ihnen	ihm	ihr	ihm	uns	euch / Ihnen	ihnen
4格	mich	dich / Sie	ihn	sie	es	uns	euch / Sie	sie

▪ 人称代名詞の2格には所有者を表す意味はありません．所有者を表すには所有代名詞（23頁参照）を用います．
　人称代名詞の2格は動詞や前置詞の目的語となる以外はあまり用いられません．

Grammatik

Ⅴ 目的語の語順

3格および4格目的語が名詞の場合と代名詞の場合とでは語順が入れ変わることに注意してください。

Die Schülerin schenkt dem Lehrer eine Blume.
その女生徒は先生に花をプレゼントします。

Sie schenkt ihm^3 eine Blume^4.
Sie schenkt sie^4 dem Lehrer^3.
Sie schenkt sie^4 ihm^3.

英語とは異なりドイツ語では，生物・無生物に限らず，男性名詞は er, 女性名詞は sie, 中性名詞は es で受けます。

Ⅵ 定動詞の位置（2）

定動詞後置

副文では定動詞は文末に位置します。これを定動詞後置といいます。

Weil er krank **ist**, kommt er heute nicht zur Schule.
彼は病気なので、今日学校へ来ません。

Wissen Sie, **wann** er nach Deutschland **fährt**?
あなたは彼がいつドイツへ行くのか知っていますか。

疑問詞も従属接続詞として用いられます。

市場の花の屋台

Übungen

Ⅰ (　　) 内の語を並びかえて正しい文にしましょう．
1. Ich weiß, (Peter, dass, ist, krank).
2. (du, kommst, wenn, morgen), zeige ich dir mein Album.
3. Peter möchte umziehen, (seine Wohnung, weil, ist, zu eng).
4. Ich gehe heute zum Arzt, (ich, denn, habe, Kopfschmerzen).
5. Wir wissen nicht, (sie, ob, schon, ist, verheiratet).
6. (es, heftig, obwohl, regnet), gehe ich spazieren*.   *spazieren gehen: 散歩をする

Ⅱ 適切な接続詞を下から選んで (　　) 内に入れ，和訳しましょう．
1. Wir wissen, (　　) die Bundesrepublik Deutschland aus 16 Ländern besteht.
2. Julia hat gute Zensuren, (　　) sie immer fleißig ist.
3. (　　) ich abends viel Zeit habe, gehe ich mit Freunden in die Kneipe.
4. Paul spricht nicht nur Deutsch, (　　) auch Japanisch.
5. Ich bleibe heute zu Hause, (　　) das Wetter ist sehr schlecht.
6. Thomas liebt Anna, (　　) sie liebt ihn nicht.
7. Mein Vater geht zur Arbeit, (　　) er erkältet ist.

> weil, wenn, dass, obwohl, denn, aber, sondern

Ⅲ 和訳しましょう．
1. Wenn ich sehr müde bin, brauche ich starken* Kaffee.   *形容詞は8課参照
2. Weißt du, warum dieses Auto so teuer ist?
3. Dieser Roman gefällt mir nicht, weil er sehr langweilig ist.
4. Susanne kocht das Essen, während ich im Wohnzimmer fernsehe.
5. Die Politiker sehen Ökonomie und Ökologie nicht mehr als Gegensätze, sondern als Gespann in die Zukunft.

Ⅳ 本文を読んでドイツ語で答えましょう．
1. Wo ist Ahmed jetzt?
2. An wen schreibt Ahmed diesen Brief?
3. Was möchte Ahmed im Sommer machen?
4. Was schreibt Ahmed noch?

駅構内のポスト

親しい人への手紙の書き方

　親しい人に手紙を書くときには，「親愛なる〜」を意味する「lieber / liebe」をつけます．友人や家族には親しい間柄で用いる2人称 du で呼びかけますが，手紙では敬称 Sie「あなた」にあわせて Du, Dir, のように大文字で書くこともあります．親しい人への手紙は，「心を込めて」という意味で Herzlichst あるいは Herzliche Grüße dein / deine 〜で締めくくります．ドイツのペンフレンドに手紙を書いてみましょう．

メールの書き方：メールの書き方も手紙とほとんど同じです．ただ件名 Betr.: の欄にとても短く内容について明記します．手紙の右上に書く，場所と日時は特に必要ありません．先ほどの手紙をメールにしてみましょう．

Lektion 8
Lesetext

Kennen Sie Deutschland?

Kennen Sie die offizielle Bezeichnung für Deutschland? Deutschland heißt offiziell: ‚die Bundesrepublik Deutschland' (BRD). Die Bundesrepublik besteht aus 16 Ländern. Die Hauptstadt der BRD ist Berlin. Bis 1990 gab[1] es noch ‚die Deutsche Demokratische Republik' (DDR). Nach der Wiedervereinigung[2] nennt man die ehemaligen DDR-Länder ‚die neuen Bundesländer' und die anderen ‚die alten Bundesländer'. Berlin war bis zur Wiedervereinigung in West-Berlin und Ost-Berlin geteilt[3]. Die ‚Berliner Mauer' trennte[4] die Stadt.

Deutschland liegt im Mittel-Europa. Im Norden Deutschlands liegt Dänemark, im Osten liegen Polen und die Tschechische Republik, im Süden Österreich und die Schweiz und im Westen Frankreich, Luxemburg, Belgien und die Niederlande.

Die BRD gehört zur ‚Europäischen Union' (EU). Die Währung der EU heißt Euro.

Die Alpen bilden die südliche Grenze Deutschlands. Genau auf der Grenze zwischen Deutschland, Österreich und der Schweiz liegt der Bodensee. Wenn man mit dem Auto einmal um den Bodensee fährt, sieht man drei Länder auf einmal.

Was wissen Sie noch über Deutschland?

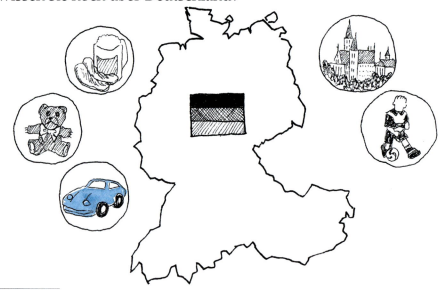

---

[1] **gab es**: es gibt+4格「～⁴がある」の過去形
[2] **Wiedervereinigung**:（ドイツ）再統一
[3] **war ... geteilt**:「分けられていた」
[4] **trennte**: 過去形 第9課参照

Grammatik

I 形容詞の格変化

強変化：（無冠詞）＋形容詞＋名詞

	男　性	女　性	中　性	複　数
	赤ワイン	新鮮な牛乳	黒ビール	新しい本
1格	rot**er** Wein	frisch**e** Milch	dunkl**es** Bier	neu**e** Bücher
2格	rot**en** Wein[e]s	frisch**er** Milch	dunkl**en** Bier[e]s	neu**er** Bücher
3格	rot**em** Wein	frisch**er** Milch	dunkl**em** Bier	neu**en** Bücher**n**
4格	rot**en** Wein	frisch**e** Milch	dunkl**es** Bier	neu**e** Bücher

Er trinkt gern dunkles Bier.　彼は黒ビールを飲むのが好きだ．

▪ dunkel は形容詞の語尾がつくと一般に弱音の -e- が落ちます．例 dunkel＞dunkles

弱変化：定冠詞（類）＋形容詞＋名詞

	男　性	女　性	中　性	複　数
	その年老いた男	その年老いた女性	その古い本	この年老いた男性たち
1格	der alt**e** Mann	die alt**e** Frau	das alt**e** Buch	diese alt**en** Männer
2格	des alt**en** Mann**es**	der alt**en** Frau	des alt**en** Buch**es**	dieser alt**en** Männer
3格	dem alt**en** Mann	der alt**en** Frau	dem alt**en** Buch	diesen alt**en** Männer**n**
4格	den alt**en** Mann	die alt**e** Faul	das alt**e** Buch	diese alt**en** Männer

Dieser braune Anzug gefällt mir gut.　私はこの茶色のスーツが気に入っています．

混合変化：不定冠詞（類）＋形容詞＋名詞

	男　性	女　性	中　性
	私の病気の息子	私の病気の娘	私の病気の子ども
1格	mein krank**er** Sohn	meine krank**e** Tochter	mein krank**es** Kind
2格	meines krank**en** Sohn**es**	meiner krank**en** Tochter	meines krank**en** Kind**es**
3格	meinem krank**en** Sohn	meiner krank**en** Tochter	meinem krank**en** Kind
4格	meinen krank**en** Sohn	meine krank**e** Tochter	mein krank**es** Kind

	複　数		
	私たちの病気の息子たち	娘たち	子供たち
1格	unsere krank**en** Söhne	Töchter	Kinder
2格	unserer krank**en** Söhne	Töchter	Kinder
3格	unseren krank**en** Söhne**n**	Töchter**n**	Kinder**n**
4格	unsere krank**en** Söhne	Töchter	Kinder

Ich danke Ihnen für Ihren freundlichen Brief.　ご親切なお手紙ありがとうございます．

Grammatik

Ⅱ 形容詞の名詞化

格変化している形容詞の頭文字を大書して，形容詞を名詞的に用いることができます．
男性・女性・複数の語尾をもつ場合には「**人**」を，**中性の語尾**をもつ場合には「**事物**」を表します．

	男性	女性	複数
	（男性の）病人	（女性の）病人	（複数の）病人
1格	der Kranke	die Kranke	die Kranken
2格	des Kranken	der Kranken	der Kranken
3格	dem Kranken	der Kranken	den Kranken
4格	den Kranken	die Kranke	die Kranken

	男性	女性	複数
1格	ein Kranker	eine Kranke	Kranke
2格	eines Kranken	einer Kranken	Kranker
3格	einem Kranken	einer Kranken	Kranken
4格	einen Kranken	eine Kranke	Kranke

	中性	中性
	新しいこと	何か新しいこと
1格	das Neue	etwas Neues
2格	des Neuen	—
3格	dem Neuen	etwas Neuem
4格	das Neue	etwas Neues

Ⅲ 不定代名詞 man

　man は不特定多数の人を表し，訳す必要のない場合も少なくありません．不定代名詞 man は男性名詞ではないので，er では受けられず man を繰り返します．また所有代名詞は sein を用います．不定代名詞 man と男性名詞 Mann「男の人・夫」を混同しないようにしましょう．

　　Man hört hier den Gesang der Vögel.
　　　ここでは小鳥たちの鳴き声が聞こえる．

　　Wenn man kein Geld hat, denkt man immer ans Geld.
　　　金がないといつも金のことばかり考えているものだ．

Übungen

I 下線部に適切な語尾を補って，和訳しましょう．

1. Ich habe groß___ Hunger. Und du? — Ich mache gerade eine Diät.
2. Wie findest du den rot___ Sportwagen? — Ich finde ihn super.
3. In diesem alt___ Haus gibt es eine riesig___ Küche. Aber wer kocht, wer putzt?
4. Ich heiße Karl. Ich arbeite als Frisör in einem groß___ Salon.
5. Ich liebe Hunde. Ich finde, sie sind brav___ und treu___ Tiere.
6. Michael trägt immer eine schwarz___ Jacke. Seine jung___ Frau trägt immer einen weiß___ kurz___ Rock.
7. Bei schlecht___ Wetter bleiben wir zu Hause.
8. Kennst du den berühmt___ deutsch___ Fluss, den Rhein?
9. Sie ist klein und ein bisschen fett. Sie hat aber lang___ Haare und hell___ Augen.
10. Ich kenne die Krank___. Sie ist die Tante meines Kollegen.

II ドイツ語で作文しましょう．

1. 今晩 (heute Abend 文頭に) 私は私の年老いた (alt) 母と一緒に (mit) 芝居を見に行きます (ins Theater gehen).
2. 彼は彼の兄 (Bruder 男) にこの (dieser) 新しい (neu) 小型の (klein) コンピュータ (Computer 男) をプレゼントします (schenken).
3. 私はカーリン (Karin) といいます (heißen). ライプツィヒ近郊の (bei Leipzig) ある小さな村 (Dorf 中) に住んでいます．私は一匹の大きな (groß) 犬を飼っています (haben).
4. この (dieser) 青い (blau) セーター (Pullover 男) を私は気に入りました (人^3 gefallen). それは 50 ユーロ (Euro) します (kosten).

III 本文を読んでドイツ語で答えましょう．

1. Wie heißt Deutschland offiziell?
2. Was bildet die südliche Grenze Deutschlands?
3. Was liegt im Norden Deutschlands?
4. Wie viele Bundesländer gibt es in Deutschland?

ライン川と川岸の風景

ドイツを流れるふたつの大河

　ドイツにはふたつの有名な川が流れています．それはライン川とドナウ川．ドイツを南北に力強く流れるライン川は男性的と思われているのでしょうか，der Rhein と男性の定冠詞をつけます．ライン川は歌でも有名なローレライの岩や古城を眺めながらとうとうと流れ，最後はオランダ・ロッテルダムで北海に注ぎます．全長 1232km．
　一方ドイツ，オーストリアなどを東西に貫いて流れるドナウ川は，ゆったり流れるために女性的と思われているのか，die Donau と女性の定冠詞をつけて呼ばれます．ドナウ川は黒海で 2,850km にも及ぶ長い旅を終えます．

Lektion 9
Lesetext

Das Familien-Wochenende

Es war ein schönes Wochenende, denkt Herr Martin Vogt. Seine Tochter Gerlinde kam mit der ganzen Familie aus Berlin zu Besuch, und das Wetter war wunderschön. Herr Vogt wohnt in Frankfurt mit seiner Frau Eva in einem schönen Haus mit einem Garten.

Gerlinde und ihr Mann Paul Jensen kamen mit den Kindern Max und Julia. Sie fuhren am Samstag Morgen schon sehr früh von Berlin los[1], und so konnten sie alle zusammen im Garten wunderbar zu Mittag essen. Am Nachmittag wollte die ganze Familie ein wenig spazieren gehen. So gingen sie am Main entlang spazieren und besuchten das Städelmuseum[2]. Denn dort gibt es sehr viele schöne Bilder. Julia war hinterher so müde und ging am Abend früh ins Bett. Aber die Anderen saßen noch lange im Wohnzimmer und sprachen über verschiedene Themen. Dabei tranken die Erwachsenen Wein, und Max trank Apfelsaft.

Am Sonntag besuchten sie gemeinsam Bad Homburg[3]. Dort kann man nicht nur das gesunde Quellwasser trinken, sondern man kann auch in der großen Therme wie im normalen Schwimmbad schwimmen.

Am späten Nachmittag musste Gerlinde mit ihrer Familie nach Berlin zurückfahren[4]. Herr Vogt war ein wenig traurig, war aber auch froh, denn er war ein bisschen müde. So hatte er einen schönen, ruhigen Abend mit seiner Frau Eva.

1 **los|fahren**：「（乗り物で）出発する」分離動詞．第 10 課参照
2 **Städelmuseum**：「シュテーデル美術館」銀行家の寄付によってできた有名な絵画館
3 **Bad Homburg**：「バートホンブルク」フランクフルト近郊の温泉保養地
4 **zurück|fahren**：分離動詞：第 10 課参照

Grammatik

I 三基本形

	不定詞	過去基本形	過去分詞	
規則動詞	-[e]n	-[e]te	ge-... -[e]t	
	sagen	sagte	gesagt	*say*
	wohnen	wohnte	gewohnt	*live*
	arbeiten	arbeitete	gearbeitet	*work*
不規則動詞	-[e]n	—	ge-... -[e]n	
	fahren	fuhr	gefahren	*go*
	finden	fand	gefunden	*find*
	gehen	ging	gegangen	*go*
	schreiben	schrieb	geschrieben	*write*
	sprechen	sprach	gesprochen	*speak*
	stehen	stand	gestanden	*stand*
	bringen	brachte	gebracht	*bring*
	denken	dachte	gedacht	*think*

haben sein werden の三基本形

haben	hatte	gehabt	*have*
sein	war	gewesen	*be*
werden	wurde	geworden	*become*

II 過去分詞に ge- がつかない動詞

- -ieren に終わる規則（変化）動詞
- be-, emp-, ent-, er-, ge-, ver-, zer- の接頭辞をもつ動詞（第10課参照）

besuchen	besuchte	besucht	*visit*
studieren	studierte	studiert	*study*
passieren	passierte	passiert	*happen*

- 辞書の見出し語右肩に＊がついている動詞は不規則動詞です．不規則動詞の三基本形は本書または辞書巻末の不規則動詞変化表に挙げられています．（例：finden*）

Grammatik

III 話法の助動詞の三基本形

不定詞	過去	過去分詞
dürfen	durfte	gedurft
können	konnte	gekonnt
mögen	mochte	gemocht
müssen	musste	gemusst
sollen	sollte	gesollt
wollen	wollte	gewollt

IV 過去人称変化

不定詞		sagen	warten	lesen	sein	haben	werden
過去基本形		sagte	wartete	las	war	hatte	wurde
ich	-	sagte	wartete	las	war	hatte	wurde
du	-st	sagtest	wartetest	lasest	warst	hattest	wurdest
er	-	sagte	wartete	las	war	hatte	wurde
wir	-[e]n	sagten	warteten	lasen	waren	hatten	wurden
ihr	-t	sagtet	wartetet	last	wart	hattet	wurdet
sie	-[e]n	sagten	warteten	lasen	waren	hatten	wurden

Da das Wetter schön **war, machten** wir einen Spaziergang.
天気がよかったので，私たちは散歩をした．

V 話法の助動詞の過去人称変化

	dürfen	können	mögen	müssen	sollen	wollen
過去基本形	durfte	konnte	mochte	musste	sollte	wollte
ich	durfte	konnte	mochte	musste	sollte	wollte
du	durftest	konntest	mochtest	musstest	solltest	wolltest
er	durfte	konnte	mochte	musste	sollte	wollte
wir	durften	konnten	mochten	musseten	sollten	wollten
ihr	durftet	konntet	mochtet	musstet	solltet	wolltet
sie	durften	konnten	mochten	mussten	sollten	wollten

Ich wollte eine Tasse Kaffee trinken.
私はコーヒーを一杯飲みたかった．

Übungen

I （　）内の動詞を適切な過去形にして，和訳しましょう．

1. Es (sein) einmal ein Kind. Das (heißen) Rotkäppchen. Es (tragen) immer einen roten Mantel mit roter Kapuze.
2. Gestern (gehen) Petra mit ihrer Schwester einkaufen.
3. Damals (wohnen) wir in Paris. Wir (sprechen) fließend Französisch.
4. Mein Sohn (studieren) Medizin. Dann (werden) er Arzt.
5. Samstagnachmittags (spielen) er mit seinen Freunden Fußball.
6. Vor 5 Jahren (schreiben) der Schriftsteller diesen Roman.
7. Gestern Abend (lesen) Gisela Bücher. Thoman (hören) Musik.
8. Hans (rufen) mit lauter Stimme um Hilfe.
9. Am 1. Januar 2007 (gehören) Rumänien zur Europäischen Union.
10. Damals (haben) ich zwei Hunde bei mir zu Hause.
11. Nach dem Unterricht (essen) er mit seiner Lehrerin zu Mittag*.

＊zu Mittag essen: 昼食をとる

12. Ich (warten) auf sie, aber sie (kommen) nicht.

II 本文を読んでドイツ語で答えましょう．

1. Was denkt Herr Martin Vogt?
2. Wer kam nach Frankfurt?
3. Wo war die Familie am Samstag Nachmittag?
4. Wo war die Familie am Sonntag Vormittag?
5. Was musste Gerlinde am Sonntag, am späten Nachmittag machen?

バートホンブルク

　ドイツの温泉保養地と言えば，バーデン・バーデンが有名ですが，フランクフルト近郊のバートホンブルクも小さいけれど有名な温泉保養地です．Bad はお風呂，温泉を意味しています．温泉水は飲泉用にも使われます．Therme と言う大きな温泉プールもあり，普通のプールのように水着を着て入ります．
　町の中にはとても大きな公園があり，保養センター（Kurhaus）ではコンサートなどが行われます．その他，カジノ（Spielbank）もあります．

Lektion 10   Hast du in den Winterferien etwas vor?

Dialog

Ahmed: Hallo, Yuko. Hast du eigentlich in den Winterferien schon etwas vor?

Yuko: Ja. Ich möchte mit meiner Freundin Erika eine Reise nach Hamburg machen. Wir reisen am 22.[1] Dezember ab, und kommen am 30.[2] Dezember zurück.

Ahmed: Ach, warum denn so lange?

Yuko: Wir haben schon Eintrittskarten für zwei Balett-Aufführungen und zwei Opern reserviert[3]. Wir lieben ja Balett und Oper. Wir werden in der Jugendherberge übernachten und auch die Stadt besichtigen.

Ahmed: Sehr interessant. Eigentlich wollte ich mit einigen Freunden einen Tagesausflug machen, aber wenn ihr in Hamburg seid, planen wir vielleicht eine kleine Reise nach Hamburg. Ich wollte schon immer die Hamburger Kunsthalle besuchen.

Dort gibt es so viele schöne Gemälde. Wenn ihr Balett und Opern besucht, habt ihr ja tagsüber Zeit. Da können wir zusammen etwas unternehmen.

Yuko: Wollt ihr auch in Hamburg übernachten? Wenn ja, gebe ich dir die Telefonnummer der Jugendherberge.

Ahmed: Höchstens eine Nacht. Ich muss meine Freunde Peter und Alex fragen, ob sie mitkommen. Aber gib mir die Nummer auf jeden Fall.

---

[1] **22.**: zweiundzwanzigsten と読む
[2] **30.**: dreißigsten と読む
[3] **haben… reserviert**:「予約した」現在完了形　第 11 課参照

Grammatik

Ⅰ 分離動詞

アクセントのある前綴り（ab-, an-, auf-, aus-, mit-, ein- など）をもつ動詞を分離動詞といいます．分離動詞は主文の定動詞となる場合には，分離して**前綴りは文末**に置かれます．

Der Zug **kommt** pünktlich **an**.　　　　an|kommen 到着する
　その列車は時刻通りに到着します．

Wissen Sie, ob der Zug pünktlich **ankommt**?
　📄 分離動詞は，副文の定動詞となる場合には分離しません．

Ⅱ 分離動詞の三基本形

分離動詞の三基本形は基礎動詞の三基本形をもとに作ります．

	不定詞	過去基本形	過去分詞
	ab|fahren	fuhr ab	abgefahren
参考:	fahren	― fuhr ―	gefahren
	an|kommen	kam an	angekommen
参考:	kommen	― kam ―	gekommen
	ein|steigen	stieg ein	eingestiegen
参考:	steigen	― stieg ―	gestiegen

> 辞書の表示　　分離動詞には分離線が施されています．（例: ab|fahren）

Ⅲ 非分離動詞

アクセントのない前綴り（be-, emp-, ent-, er-, ge-, ver-, zer-）をもつ動詞を非分離動詞といいます．非分離動詞はいかなる場合にも分離しません．

Diese Blume gefällt ihr.　　　　　　　　　　　　　人³ gefallen: 人³ の気に入る
　彼女はこの花が気に入っている．

Ich hoffe, dass diese Blume ihr gefällt.
　彼女がこの花を気に入るといいのだが．

Grammatik

Ⅳ 非分離動詞の三基本形

非分離動詞の過去分詞には ge- をつけません．

不定詞	過去基本形	過去分詞
besuchen	besuchte	besucht

参考： suchen － suchte － gesucht

empfinden	empfand	empfunden

参考： finden － fand － gefunden

verstehen	verstand	verstanden

参考： stehen － stand － gestanden

ハンブルク市庁舎

港町ハンブルク

　ハンブルクはドイツ最大の港町．しかし海に面しているわけではありません．港はエルベ川にあります．川といっても北海に流れ込む手前なので，川幅がとても広くなっています．ハンブルクにはまた，アルスター湖という大きな湖があります．アルスター湖は大小2つに分かれていて，その周りには素敵な散歩道が続き，まさに水の都といった風情をかもし出しています．
　そのためハンブルクにはとても橋が多く，ヴェニスの次に多いとまでいわれるほどです．

Übungen

I 次の文に誤りがあれば訂正して書き直し，和訳しましょう．
1. Ich einlade euch zum Abendessen.
2. Vorhast du am Wochenende etwas?
3. Ich verstehe dich nicht.
4. Er aufhört mit dem Rauchen.
5. Wir besuchen heute unseren Lehrer.
6. Der Abschlusstest stattfindet vermutlich im Februar.

II (　　) 内の語を必要ならば変化させて並びかえ，文を完成させましょう．
1. Der Zug (um, abfahren, 7 Uhr 20).
2. Jeden Tag (die Oma, erzählen, ein Märchen, ihrem Enkelkind).
3. Michael (schnell, den Computer, ausschalten).
4. Wann (zurückkommen, er, dem Urlaub, aus)?
5. Ich weiß, (am Donnerstag, dass, stattfinden, der Vortrag).
6. (wie viel Uhr, um, Sie, aufstehen)? — Um sieben Uhr.
7. Wir wissen nicht, (ob, er, teilnehmen, an der Party).
8. Ich rufe dich an, (ich, wenn, ankommen, in Zürich).

III 和訳しましょう．
1. Der Zug nach Köln fährt in fünf Minuten von Gleis 6 ab. — Wann fährt der nächste Zug ab?
2. Mein Onkel ist 50 Jahre alt. Aber er sieht sehr jung aus.
3. Mein Großvater schläft beim Fernsehen immer ein.
4. Familie Vogt verbringt ihre Ferien auf dem Land im Grünen.
5. Warum nimmst du keinen Regenschirm mit?
6. Ich gehe ins Schwimmbad. Kommst du auch mit?

IV 二人ずつ組になって，ホテルでの会話を練習しましょう．

Gast:　　　Haben Sie ein Einzelzimmer (Doppelzimmer) für heute Nacht?
Rezeption:　Ja, mit Dusche oder ohne?
Gast:　　　Mit Dusche, bitte.
Rezeption:　Ein Einzelzimmer mit Dusche kostet pro Nacht 69 Euro mit Frühstück.
Gast:　　　Gut, das nehme ich.

Lektion 11
Dialog

Nach dem Sprachkurs

Gerlinde ist Deutschlehrerin im Sprachkurs. Yuko ist in ihrer Klasse.
Heute wollen sie nach dem Unterricht zusammen Kaffee trinken.

Gerlinde: Frau Yamamoto, was haben Sie in den Winterferien gemacht?

Yuko: Ich habe mit meiner Freundin Erika eine Reise nach Hamburg gemacht.

Gerlinde: Ah, sehr interessant. Was haben Sie in Hamburg gemacht?

Yuko: Wir haben zwei Balett-Aufführungen und zwei Opern gesehen.

Gerlinde: Ach, wie konnten sie die Karten für die Hamburger Staatsoper bekommen? Sie sind doch immer ausverkauft?

Yuko: Wir hatten die Reise schon sehr früh geplant und auch sehr früh im Internet die Eintrittskarten reserviert.

Gerlinde: Da hatten Sie aber Glück gehabt. Wie waren die Aufführungen?

Yuko: Sehr interessant. Sie waren so modern und ganz anders wie die Opern-Aufführungen in Dresden und Berlin.
Die Balett-Aufführungen haben uns besonders gut gefallen.

Gerlinde: Was haben Sie in Hamburg noch gemacht?

Yuko: Ahmed ist auch mit seinen Freunden nach Hamburg gekommen. Wir haben zusammen die Kunsthalle besucht. Wir haben auch den Hafen und die Blankenese[1] besichtigt und sind an der Alster entlang spazieren gegangen. Frau Jensen, was haben Sie in den Winterferien gemacht?

Gerlinde: Wir sind zu meinen Eltern nach Frankfurt gefahren. Wir haben Weihnachten und Silvester mit der ganzen Familie verbracht.

---

1 **Blankenese**:「ブランケネーゼ」ハンブルク西方にある美しい高級住宅街

Grammatik

Ⅰ 完了時称

haben 支配と sein 支配

ドイツ語の完了時称は，完了の助動詞 haben または sein を用いて作ります．
完了の助動詞として haben を用いるのは：他動詞のすべてと自動詞の大部分

完了の助動詞として sein を用いるのは：

場所の移動を表す自動詞： fahren, fallen, gehen, kommen, sinken 等
状態の変化を表す自動詞： wachsen, passieren, sterben, werden 等
　　その他の自動詞： sein, bleiben 等

| 辞書の表示 | haben 支配の動詞は辞書に，(h.), (haben), sein 支配の動詞は (s.), (sein) のように示されています． |

Ⅱ 現在完了：完了の助動詞 haben/sein の現在形＋…過去分詞（文末）

現在完了は過去の事柄を現在と関連づけて述べる形式ですが，過去形の代用として多用されます．

Sind Sie schon einmal in Deutschland **gewesen**?
　あなたはこれまでにドイツにいらしたことがありますか．（経験）

Seit acht Tagen **haben** wir die Sonne nicht **gesehen**.
　一週間前から私たちは太陽を見ていない．（継続）

Gestern **ist** er nach Amerika **geflogen**.
　昨日彼はアメリカへ（飛行機で）行った．（過去）

完了の助動詞 haben/sein の現在人称変化

sein				haben			
ich	bin	wir	sind	ich	habe	wir	haben
du	bist	ihr	seid	du	hast	ihr	habt
er	ist			er	hat		
sie	ist	sie	sind	sie	hat	sie	haben
es	ist			es	hat		

完了の助動詞 haben/sein の現在形は，11 頁と同じものを用います．

Grammatik

Ⅲ 過去完了：完了の助動詞 haben/sein の過去形＋…過去分詞（文末）

過去完了は過去のある時点において，すでに行為が完了していたことを表します．

Als ich nach Hause kam, **war** meine Frau schon **abgefahren**.
私が帰宅したとき，妻はすでに出発してしまっていた．

完了の助動詞 haben/sein の過去人称変化

sein					haben			
ich	war	wir	waren		ich	hatte	wir	hatten
du	warst	ihr	wart		du	hattest	ihr	hattet
er	war				er	hatte		
sie	war	sie	waren		sie	hatte	sie	hatten
es	war				es	hatte		

完了の助動詞 haben/sein の過去形は，44頁と同じものを用います．

Ⅳ 未来完了：未来の助動詞 werden 現在形＋完了の不定詞（文末）

ドイツ語の未来完了はもっぱら過去の推量「…だったのだろう」を表します．

In der Nacht **wird** es **geregnet haben**.
夜のうちに雨が降ったのだろう

完了の不定詞

動詞の過去分詞＋完了の助動詞（**haben** または **sein**）の不定詞を完了の不定詞といいます．
完了の不定詞はもっぱら未来完了の形式で用いられます．

ベルリンの信号の歩行者マーク（通称アンペルマン）

Übungen

I 例にならって各文を過去形と現在完了形に書き換えましょう．

例 Anna lernt Japanisch. → Anna lernte Japanisch. / Anna hat Japanisch gelernt.

1. Ich lese die Zeitung.
2. Am Freitag geht Michael mit seiner Freundin ins Konzert.
3. Wir studieren Informatik*.   *Informatik [インフォルマーティク]
4. Renate hilft ihrer Mutter im Haushalt.
5. Ich rufe meinen Kollegen an.
6. Im Juni heiratet* sie den jungen Arzt.   *人⁴ heiraten: (人⁴ と) 結婚する
7. Der Lehrer erzählt uns viel von München.
8. Ich esse Currywurst* an einem Marktstand.
        *カリーヴルスト（ベルリン名物．カレー粉をかけたソーセージ）
9. Am Samstag kommt er mit Karin aus Wien zurück.
10. Es gibt nichts Neues in der Zeitung.

II 和訳しましょう．

1. Ich habe meine Brille zu Hause gelassen. Ich sehe nicht sehr gut.
2. Gerlinde, ich habe dich oft angerufen, aber dein Handy ist immer aus. Ruf mich bitte zurück!
3. Jutta und Thomas gingen ins Café, nachdem sie das Museum besucht hatten.
4. Wo bist du jetzt, Karl? — Ich habe den falschen Bus genommen.
5. Gestern hat Yuko auf einer Party einige deutsche Studentinnen kennengelernt.

III 本文を読んでドイツ語で答えましょう．

1. Wo war Yuko in den Winterferien?
2. Was hat sie dort gemacht?
3. Wo war Gerlinde in den Winterferien?
4. Was hat sie dort gemacht?
5. Was haben Sie in den Winter-/Sommerferien gemacht?

ソーセージの屋台

Lektion 12
Lesetext

Ein Tag von Ahmed

Ahmed steht heute um sieben Uhr auf. Dann duscht er sich und zieht sich an. Danach frühstückt er und liest dabei die Zeitung. Seine Eltern haben ein Lebensmittelgeschäft und sind schon längst bei der Arbeit.

Um neun Uhr fährt er mit der U-Bahn zur Uni, weil er heute Vormittag zwei Vorlesungen hat. Um halb eins geht er in die Mensa und stellt sich an. Denn um diese Zeit wollen alle zu Mittag essen. Ahmed nimmt das Essen aufs Tablett und geht an die Kasse. Es wird mit einer Mensa-Karte bezahlt[1]. Er sucht sich einen schönen Platz aus und setzt sich hin.

Am Nachmittag nimmt er an einem Seminar der Mathematik teil. Um vier Uhr ist das Seminar zu Ende, und Ahmed fährt noch in das Lebensmittelgeschäft seiner Eltern. Am Abend ist dort sehr viel los, und er hilft immer im Geschäft, wenn er Zeit hat. Er hilft auch beim Aufräumen, und fährt dann um acht Uhr mit seinen Eltern nach Hause. Zu Hause essen sie ein einfaches Abendbrot: verschiedene kalte Speisen mit Brot. Nach dem Abendessen setzen sich die Eltern im Wohnzimmer auf das Sofa, und sehen fern. Ahmed sieht manchmal mit ihnen fern, aber heute geht er in sein Zimmer und lernt noch ein bisschen.

Um 11 Uhr ist er müde und geht ins Bett.

---

[1] **wird...bezahlt**:「支払われる」受動態　第14課参照

Grammatik

Ⅰ 再帰代名詞

主語と同じものを指す代名詞を再帰代名詞といいます．再帰代名詞は3人称単数・複数および敬称のSieで **sich** という特別な形をとる以外は，人称代名詞（第5課）と同じ変化をします．再帰代名詞には3格と4格しかありません．

	ich	du	er / sie / es	wir	ihr	sie / Sie
3格	mir	dir	**sich**	uns	euch	**sich**
4格	mich	dich	**sich**	uns	euch	**sich**

> 辞書では再帰代名詞は sich で代表されています．主語が1人称および2人称の場合には，人称代名詞と同じ形になることに注意してください．

Ⅱ 再帰動詞

再帰代名詞と一体化して用いられる動詞を再帰動詞といいます．

1) 4格の再帰代名詞を伴うもの：

sich^4 setzen　　座る，腰掛ける
sich^4 an 人・事^4 erinnern　　人・事^4 を思い出す，覚えている

Ich setze **mich** auf den Stuhl.
　　私はいすに腰掛ける．

Ich erinnere **mich** noch an ihren Namen.
　　私はまだ彼女の名前を覚えている．

2) 3格の再帰代名詞を伴うもの：

sich^3 vorstellen　　思い浮かべる

Ich kann **mir** die Szene nicht vorstellen.
　　私はこの光景を思い浮かべることができない．

ビール醸造所の中にあるレストラン

Grammatik

III 数　詞 2

基数 (21 以上：20 以下は 9 頁参照)

21 einundzwanzig	40 vierzig	100 hundert
22 zweiundzwanzig	50 fünfzig	101 hunderteins
23 dreiundzwanzig	60 sechzig	102 hundertzwei
24 vierundzwanzig	70 siebzig	1 000 [ein]tausend
25 fünfundzwanzig	80 achtzig	2 000 zweitausend
30 dreißig	90 neunzig	

Mein Vater ist 58 Jahre alt.
　私の父は 58 歳です．

IV 時　刻

Wie spät ist es jetzt?　　Es ist zehn Uhr.　　(It is ten o'clock.)
(What time is it now?)　　Es ist halb zehn.　　(It is half past nine.)

3. 00　Es ist drei Uhr.
3. 10　Es ist drei Uhr zehn.　Es ist zehn nach drei.
3. 15　Es ist drei Uhr fünfzehn.　Es ist Viertel nach drei.
3. 30　Es ist drei Uhr dreißig.　Es ist halb vier.
3. 45　Es ist drei Uhr fünfundvierzig.　Es ist Viertel vor vier.

ベルリン自由大学のメンザ．
屋外の木の下にもベンチがあります．

ドイツの大学生

　ドイツの大学はほとんどが国立（州立）です．学費は一度導入されたのですが，不評だったため，現在ではいくつかの州で，一定期間を超えて大学に在籍する場合のみ（Langzeitstudierende）1 学期に 500 ユーロがかかります（2015 年現在）．学生寮も整備されていて，結婚している学生や，子供のいる学生のための家族寮などもあります．また，学生食堂では，州の財政支援を受けてとても安く食事ができます．

　大学生には至れり尽くせりといった感じなので，大学生という身分から離れようとしない学生も少なくありません．教室はパンク寸前，教育費のための赤字は膨大になり，学費導入の他にも，在籍年数制限を課したり，早く卒業できるように学士（Bachelor）制度を導入したり，様々な改革が行われていますが，学費制度が再び撤回されたように，あまり成功しているとはいえないようです．

Übungen

I （　　）内に再帰代名詞を補い，和訳しましょう．

1. Ich freue (　　) auf die Sommerferien.
2. Herr Schneider freut (　　) über den Brief seiner Tochter.
3. Meine Großmutter erinnert (　　) immer an ihre Heimat.
4. Morgen treffen wir (　　) direkt im Restaurant.
5. Wo bist du, Martina? — Ach, ich habe (　　) verlaufen*.　　*sich⁴ verlaufen: 道に迷う
6. Heinz steht um 6 Uhr auf. Dann duscht er (　　) und zieht (　　) an.
7. Ich wasche (　　) die Hände.
8. Mit wem habt ihr (　　) gestern Abend unterhalten?
9. Heute engagieren* (　　) die Politiker für die Reduktion von Treibhausgas-Emissionen.
   *engagieren［アンガジーレン］
10. Die Domstadt Köln bewegt (　　) im Spannungsfeld zwischen Historie* und Moderne.
    *Historie［ヒストーリェ］

II ドイツ語で作文しましょう．

1. 私はクラシック音楽 (klassische Musik 無冠詞で) に興味があります (sich⁴ für 人・事⁴ ～ interessieren)．とくに (besonders) モーツアルト (Mozart) を聴くのが好きです．
2. 彼は冬休みを楽しみにしています．

メンザ内の風景

Lektion 13
Dialog

Zum Flughafen

Jutta Vogt wohnt und arbeitet in Hamburg. Aber ihr Freund, Heinz, wohnt und arbeitet zur Zeit in Japan. Er unterrichtet an einer japanischen Universität Deutsch. In den Frühlingsferien will Jutta nach Japan fliegen, um Heinz zu[1] besuchen. Heute fliegt Jutta von Frankfurt ab. Am Hauptbahnhof spricht ein älterer Herr sie an:

der Herr: Entschuldigen Sie, können Sie mir sagen, wie ich am schnellsten zum Flughafen komme?

Jutta: Am besten fahren Sie mit der S-Bahn. Sie müssen mit der Rolltreppe oder mit dem Fahrstuhl zum zweiten Untergeschoss. Die S-Bahnsteige sind nämlich auf der Etage U-2. Aber warten Sie, ich muss auch zum Flughafen. Wir können zusammen hinfahren.

der Herr: Oh, herzlichen Dank. Ich möchte möglichst schnell nach England fliegen, weil meine Tochter dort bald ein Baby bekommt.

Jutta: Wie schön, Sie werden Großvater. Herzlichen Glückwunsch! Ich fliege nach Japan, um meinen Freund zu besuchen. Er unterrichtet dort Deutsch.

der Herr: Ach, Japan ist ja viel weiter als England! Wie lange müssen Sie denn fliegen?

Jutta: Etwas mehr als 12 Stunden. Ich freue mich sehr auf Japan, denn wir wollen dort eine Reise nach Okinawa machen. Okinawa liegt sehr südlich, und besteht aus mehreren Inseln.
Es soll dort fast tropisch sein.

der Herr: Wie schön. Viel Spaß.

---

[1] **um ... zu ...**:「～するために」

Grammatik

I 形容詞の比較変化

原級	比較級 -er	最上級 -[e]st
alt	älter	ältest
groß	größer	größt
hoch	höher	höchst
klein	kleiner	kleinst
nah	näher	nächst
gut	besser	best
viel	mehr	meist

Er ist **so** alt **wie** ich.
彼は私と同じ年だ.

so ...wie：…と同じくらい…だ

Ich trinke Wein **lieber als** Bier.
私はビールよりワインを飲むのが好きだ.

比較級+**als**：…より…だ

Er ist **viel größer als** ich.
彼は私よりはるかに大きい.

viel+比較級：はるかに…だ

Es geht ihm **immer schlechter**.
彼の具合はますます悪くなる.

immer+比較級：ますます…だ

Sie ist **die Beste** in der Klasse.
Sie ist **am besten** in der Klasse.
彼女はクラスの中でもっとも優秀だ.

定冠詞+最上級
am ...sten

Er läuft **am schnellsten** in der Klasse.
彼はクラスの中で走るのが最も速い.

副詞の最上級：**am ...sten**

Je älter er wird, **desto nervöser** wird er.
年をとればとるほど彼は気むずかしくなる.

je+比較級, **desto**+比較級

Grammatik

Ⅱ 序　数

通常，定冠詞を伴って用いられ，形容詞と同じ変化をします．

der / die / das

1. erste	11. elfte	21. einundzwanzigste	100. hundertste
2. zweite	12. zwölfte	22. zweiundzwanzigste	101. hunderterste
3. dritte	13. dreizehnte	23. dreiundzwanzigste	102. hundertzweite
4. vierte	14. vierzehnte	30. dreißigste	103. hundertdritte
5. fünfte	15. fünfzehnte	40. vierzigste	
6. sechste	16. sechzehnte	50. fünfzigste	
7. siebte	17. siebzehnte	60. sechzigste	
8. achte	18. achtzehnte	70. siebzigste	
9. neunte	19. neunzehnte	80. achtzigste	
10. zehnte	20. zwanzigste	90. neunzigste.	

Ich bin am 24. (vierundzwanzigsten) April 1998* in Tokio geboren.
　　私は 1998 年 4 月 24 日に東京で生まれました．

＊ neunzehnhundertachtundneunzig と読む．

Ⅲ 西暦の読み方

英語と同様に真ん中で分けて読みますが，上例の 1998 のように，19 と 98 の間に hundert を入れます．
1998: neunzehnhundertachtundneunzig

1099 年までは，数の数え方と同じ読み方をします：1066 年：tausendsechsundsechzig
2016 年も，数と同様に，zweitausendsechzehn と読みます．「2016 年に」は，西暦の前に im Jahre を添えるか，西暦だけで表現します：(im Jahre) 2016．英語のように in だけを用いることはありません．

Ⅳ 曜日・12 ヶ月・四季

曜日：　Montag　Dienstag　Mittwoch　Donnerstag　Freitag
　　　　Samstag / Sonnabend　Sonntag
　　　　am Samstag　　土曜日に

12 ヶ月：Januar　Februar　März　April　Mai　Juni　Juli　August
　　　　September　Oktober　November　Dezember
　　　　im Oktober　　10 月に

四季：　Frühling　Sommer　Herbst　Winter
　　　　im Herbst　　秋に

Übungen

Ⅰ （　　）内の原級を適切な比較級または最上級に改め，和訳しましょう．

1. Mein Vater ist viel (alt) als meine Mutter.
2. Michael spricht (gut) Englisch als Thomas.
3. Er hat ein (groß) Auto als ich.
4. Unser Lehrer geht (gern) zu Fuß als mit dem Auto.
5. Mein Bruder läuft am (schnell) in der Klasse.
6. Karl ist der (gut) Schüler in der Klasse.（最上級）
7. Es wird immer (kalt).
8. Das Rathaus ist das (schön) Gebäude dieser Stadt.
9. Peter ist vor der Prüfung am (fleißig).
10. Es ist heute noch (warm) als gestern.
11. Die Zugspitze ist der (hoch) Berg in Deutschland.

Ⅱ 和訳しましょう．

1. Ich trinke Kaffee genauso gern wie Tee.
2. Was machen Sie am liebsten im Sommer? — Ich gehe fast jeden Tag ins Schwimmbad.
3. Die Universität Köln ist mit ihren 620 Jahren eine der ältesten Hochschulen Deutschlands.

フランクフルト中央駅構内　S-バーンの案内

Lektion 14
Lesetext

Der Geburtstag

Heute hat Frau Eva Vogt ihren 70. Geburtstag. Es wird zuerst in einem kleinen Restaurant in Sachsenhausen gefeiert. Es werden nämlich sehr viele Gäste kommen, aber Frau Vogt kann nicht mehr für so viele Leute kochen. Am Nachmittag wird dann bei ihnen zu Hause im Garten Kaffee getrunken: Frau Vogt hat mit ihren Töchtern Gerlinde und Jutta schon sehr viele Kuchen gebacken. Zur Vorbereitung sind die Töchter einige Tage früher gekommen. Die Kuchen sind schon gebacken und stehen bereit.

Frau Vogt ist ein wenig in Gedanken versunken: heute wird auch bestimmt darüber gesprochen, wie sie weiterleben wollen. Gerlinde schlägt nämlich vor, dass Herr und Frau Vogt nach Berlin ziehen.

Dann wohnen sie in der Nähe von Gerlinde und ihrer Familie und können viel öfter die Enkelkinder sehen. Gerlinde findet auch, dass das Haus mit dem Garten in Frankfurt zu groß ist und für Frau Vogt zu viel Arbeit verursacht. Frau Vogt ist aber anderer Meinung: die Kinder sind endlich aus dem Haus, und Herr und Frau Vogt genießen das ruhige Leben mit ihren Freunden. Sie haben schon immer in Frankfurt gelebt, und jetzt wollen sie nicht nach Berlin umziehen.…

Nein, sie wird heute klar sagen, dass sie in dem Haus in Frankfurt wohnen bleiben will.

Grammatik

Ⅰ 受動態：受動の助動詞 werden + …過去分詞（文末）

現　　在： Sie wird vom Lehrer gelobt.　　彼女は先生にほめられる.
過　　去： Sie wurde vom Lehrer gelobt.
未　　来： Sie wird vom Lehrer gelobt werden.
現在完了： Sie ist vom Lehrer gelobt worden.
過去完了： Sie war vom Lehrer gelobt worden.

- 受動の未来完了はめったに用いられません.

受動の助動詞 werden の人称変化

	現　在	過　去
ich	werde	wurde
du	wirst	wurdest
er	wird	wurde
wir	werden	wurden
ihr	werdet	wurdet
sie	werden	wurden

受動の助動詞 werden の現在形は 19 頁, 過去形は 44 頁と同じものを用います.
受動の助動詞の過去分詞は ge- のない worden となり, 完了の助動詞は sein を用います.
能動文の 4 格目的語だけが受動文の主語 1 格になります.
能動文の主語 1 格を受動文で示す場合には, von+3 格（または durch+4 格）で表します.

能動文： Der Lehrer lobt die Schülerin.
　　　　　　先生はその女生徒をほめる.
受動文： Die Schülerin wird vom Lehrer gelobt.
　　　　　　その女生徒は先生にほめられる.

能動文に 4 格目的語がない場合には, 受動文の主語として形式的に es を置きます. この es は文頭以外では省略されます.

Der Junge half dem Mädchen.
　その少年は少女を助けた.
Es wurde dem Mädchen vom Jungen geholfen.
Dem Mädchen wurde vom Jungen geholfen.
　その少女はその少年に助けられた.

- half は helfen の過去形. helfen は 3 格目的語をとります.
- Junge は男性弱変化名詞（16 頁参照）

(dreiundsechzig) 63

Grammatik

Ⅱ 状態受動：sein＋他動詞の過去分詞（文末）

ある行為を受けてそのような状態が続いていることを表します．

    Die Tür ist geöffnet.
     ドアは開いている

 参考： Die Tür wird geöffnet.
     ドアは開けられる

Ⅲ sich⁴＋lassen＋不定詞（文末）

lassen が定動詞となり「…されうる」を意味する一種の受動表現です．

    Diese Frage **lässt sich** leicht **beantworten**.
     この問題は容易に答えられうる．

ザクセンハウゼンのレストラン

リンゴ酒とローストチキン

フランクフルトとザクセンハウゼン

　フランクフルトはマイン川沿いの町．川のほとりの緑あふれる散歩道は市民の憩いの場．旧市街から川を越えたところが下町情緒あふれるザクセンハウゼン地区です．その昔，ザクセン人たちが住んでいたことから名付けられたこの地区は，もともと職人の街でしたが，今ではリンゴ酒 (Apfelwein) で有名な居酒屋やレストランが多数あります．リンゴ酒は様々な地方で飲まれていますが，フランクフルト近郊はとくに有名．Ebbelwoi (Apfelwein) と呼ばれるリンゴ酒は，辛口で飲みやすく，Schweinebraten などの豚肉料理にはぴったりです．その他，フランクフルト名物の，ハーブとサワークリームでできたソースをゆでたジャガイモと卵にかけた料理や，独特の風味をもつチーズを玉ねぎ入りドレッシングに漬け込んだ料理などにも良くあいます．

Übungen

I （　　）内に適切な語を入れて受動文を完成させましょう．

1. Die Mutter weckt die Kinder.
   Die Kinder (　　) von (　　) (　　) (　　).

2. Thomas repariert das alte Fahrrad.
   Das alte Fahrrad (　　) von (　　) (　　).

3. Das Erdbeben zerstörte das Dorf.
   Das Dorf (　　) durch (　　) (　　) (　　).

4. In Österreich spricht man Deutsch.
   In Österreich (　　) Deutsch (　　).

5. Ein Ausländer fragte ihn nach dem Weg zum Bahnhof.
   Er (　　) von (　　) (　　) nach dem Weg zum Bahnhof (　　).

II ドイツ語で作文しましょう．

1. その店（Laden 男）は19時に閉店します［閉められる］．（schließen を用いて）
2. 来週（nächste Woche 文頭に）この通り（Straße 女）は建設工事で（wegen Bauarbeiten）閉鎖されます．（sperren を用いて）
3. その古い（alt）町（Stadt 女）は戦争で（durch den Krieg）破壊された．（zerstören を用いて過去で）
4. 私は彼から（von ihm）夕食に（zum Abendessen）招待されました．（einladen を用いて過去で）
5. 日本では左側走行です．（In Japan fährt man links. を受動態に）
6. 日曜日には働きません．（Sonntags arbeitet man nicht. を受動態に）

ザクセンハウゼンの通り

Lektion 15 — Das Recycling System in Deutschland
Lesetext

Wenn man in Deutschland einkaufen geht, ist es üblich, Einkaufstaschen mitzunehmen. Denn in den Supermärkten kosten die Einkaufstüten Geld: eine Tüte kostet meistens 15 Cents. Man nimmt auch leere Flaschen und Dosen von zu Hause mit, weil es auf die meisten Flaschen und Dosen Pfand gibt. D. h.[1] wenn man das Leergut zurückbringt, bekommt man Geld zurück. Je nach Marke bekommt man 5 bis 25 Cents zurück.

Obst und Gemüse sind in den Supermärkten und Läden meistens nicht verpackt. Man wiegt sie selber auf der Waage. Überhaupt gibt es in Deutschland viel weniger Verpackung als in Japan.

Das Pfand-System ist weit verbreitet. Auf den Märkten und Festen, wenn es draußen gegessen und getrunken wird, gibt es auf die Gläser, Krüge und Teller Pfand. Ein Bierglas kostet zum Beispiel zwei Euro. Deshalb bringen die Leute die Gläser zurück.

Mülltrennung wird in Deutschland viel praktiziert. Müllentsorgung wird regional unterschiedlich gehandhabt, aber grundsätzlich wird Altpapier und Altglas (Weißglas und Buntglas) gesammelt. In vielen Orten stehen große Container für Altpapier und Altglas, und man bringt sie dorthin. Es gibt in vielen Orten auch Container für Altkleider.

Verpackungsmaterialien haben meistens einen ‚grünen Punkt', um zu zeigen, dass die Verpackung ‚Recyclet' wird. Solche Verpackungen werden im ‚Gelben Sack', oder in der ‚Gelben Tonne' gesammelt. Beim Haushaltsmüll muss man in vielen Regionen auch das Biomüll trennen. Gemüsereste, Nahrungsmittelreste und Gartenabfälle werden zum Kompostieren in der ‚Biotonne' gesammelt. Man kann auch stattdessen im eigenen Garten Kompost anlegen.

Was nach der Mülltrennung übrigbleibt, wird als Restmüll gesammelt, abgeholt und verbrannt oder zur Mülldeponie gebracht.

---

[1] **d. h.**: das heißt:「…というのは」

Grammatik

Ⅰ es の用法

1) 天候・気象

es regnet. 雨が降る   es donnert. 雷が鳴る   es blitzt. 稲光がする
Heute ist es sehr kalt.

2) 日時・季節

Wie spät ist es jetzt? — Es ist schon 11 Uhr.
Es wird Herbst.

Ⅱ zu 不定詞の用法

zu 不定詞は英語の to 不定詞に対応するといえますが，ドイツ語では zu+不定詞は **zu 不定詞句の最後**に置かれます．

1) es — zu 不定詞 (it … to), es — dass (it … that)

Es ist nicht leicht, ihn zu verstehen.
彼を理解することは容易ではない．

Es ist klar, dass der Verletzte sofort operiert werden muss.
そのけが人がすぐに手術されねばならないことは明らかだ．

2) um … zu 不定詞，ohne … zu 不定詞, statt … zu 不定詞

Um mir ein Paar Schuhe zu kaufen, fahre ich in die Stadt.
靴を一足買うために，私は町へ行く．

Sie ging weg, ohne meine Frage zu beantworten.
彼女は私の質問に答えることなく立ち去った．

Statt mir zu helfen, ging er ins Kino.
私の手伝いをする代わりに彼は映画へ行った．

3) zu 不定詞句が前置詞の目的語となる場合

Er denkt daran, in seine Heimat zurückzukehren.
彼は故郷へ帰ることを考えている．   an etwas^4 denken：…を考えている

➡ 分離動詞の zu 不定詞は分離の前綴りと基礎動詞の間に zu を入れます．

Ⅲ 現在分詞

動詞の不定詞に -d をつけて作ります．
　　singen+-d ＞ singend

Grammatik

現在分詞は，形容詞と同じ用いられ方をします．

1) **副詞的用法**

    Lächelnd kommt sie zu mir.　微笑みながら彼女は私のところにやってくる．

2) **付加語的用法**

    ein weinendes Kind　泣いている子供

3) **名詞的用法**

    der Reisende, ein Reisender　旅行者（男性）

    - 現在分詞は不定詞の語幹ではなく，不定詞そのものに -d を付けることに注意してください．
    - ドイツ語では，英語のように sein 動詞と現在分詞を組み合わせた現在進行形をつくることはできません．現在形が現在進行形の意味も表します：
        Sie singt jetzt.　彼女は今，歌を歌っているところです．

ガラスビン用コンテナ

駅構内のゴミ箱

Übungen

I (　　) 内の語句を並びかえて意味の通る文にしましょう.

1. Mein Lehrer empfielt mir, (zu, Deutsch, lernen).
2. Es ist sehr schwierig, (diesen Artikel, zu, ins Deutsche, übersetzen).
3. Ich habe die Gewohnheit, (mit meinem Hund, jeden Morgen, zu, einen Spaziergang, machen).
4. Peter schaut mich an, (um, zu, beobachten, meine Reaktion).
5. Er hat mir versprochen, (morgen, zu, um 10 Uhr, kommen).
6. Meine Mutter erlaubt mir nicht, (diesen Sommer, zu, reisen, nach Japan).

II 和訳しましょう.

1. Der Student ging aus, ohne ein Wort zu sagen.
2. Ich bitte Sie, meiner Tochter zu helfen.
3. Es ist zu kalt, um draußen zu arbeiten.
4. Es freut mich, Sie kennen zu lernen.
5. Wie hat es dir in Japan gefallen? — Sehr gut, besonders gefiel mir Kyoto.
6. Ich habe keine Gelegenheit, ins Ausland zu fahren.
7. Nach 20 Jahren fuhr der in Paris lebende Künstler in seine Heimat zurück.

III ドイツ語で作文しましょう.

1. 私はドイツ語を習う (lernen) ためにドイツへ行き (fliegen) ます．(um ～ zu…)
2. あなたは私と一緒に (mit) 泳ぎに行く (schwimmen gehen) 気はありますか？
   (Haben Sie Lust, ～)

ドイツのビール

　ドイツはビールの国．ビールの醸造所も数多くあり，各地で特色あるビールが造られています．黒ビールにフルーツを入れたり，ビールにフルーツシロップを入れたりと飲み方もいろいろ．またケルン地方ではわざわざ特別小さいグラスでビールを飲むかと思えば，ミュンヒェンのビヤホールやオクトーバーフェストでは１リットルの大ジョッキなど飲む器も様々です．
　さらにビールの種類も，小麦でできていてレモンを入れて飲む夏向きのさっぱりしたビールやイーストを残したままの濁ったビール，さらにはアルコール度が 20 パーセントもあるアンデックスのビールなど種類も豊富．その土地その土地で特色のある「地ビール」を楽しむのもドイツ旅行の楽しみです

Lektion 16 — Ein Koffer

Dialog

Yuko muss bald nach Japan zurückfliegen. Sie braucht nun einen großen Koffer, weil sie in Deutschland so viel eingekauft hat und jetzt viel mehr Gepäck hat. Deshalb geht sie heute in ein großes Kaufhaus, in dem es viele Abteilungen gibt.

Verkäuferin: Kann ich Ihnen helfen?

Yuko: Ja. Ich möchte den blauen Koffer, der im Schaufenster ist, ansehen.

Verkäuferin: Sie meinen wohl den großen, der in der Ecke ausgestellt ist. Ich bringe den gleich. … Wie gefällt Ihnen dieser Koffer?

Yuko: Der ist zu schwer. Haben Sie einen anderen, der leicht und doch stoßfest ist?

Verkäuferin: Hmm… Sehen Sie den silberblauen Koffer, der ganz hinten an der Wand steht? Der ist leicht und trotzdem stoßfest.

Yuko: Schön, den will ich dann genauer ansehen.

Verkäuferin: Warten Sie mal. Der kostet aber 600 Euro. Der blaue, den Sie schon gesehen haben, kostet nur 360 Euro. …Übrigens, wenn Sie ein Stockwerk tiefer gehen, gibt es eine Abteilung für Waren im Ausverkauf. Dort können Sie auch andere Waren ansehen.

Yuko: Prima. Ich sehe mich zuerst dort um. Wo genau ist die Abteilung?

Verkäuferin: Ein Sockwerk tiefer und ganz hinten in der Ecke.

Yuko: Danke schön.

Verkäuferin: Gern geschehen.

Grammatik

 Ⅰ 関係代名詞

1) 定関係代名詞

	男 性	女 性	中 性	複 数
1格	der	die	das	die
2格	dessen	deren	dessen	deren
3格	dem	der	dem	denen
4格	den	die	das	die

Der Mann, **der** uns eben gegrüßt hat, ist mein Nachbar.
ちょうど私たちに挨拶をした男性は私の隣人です．

Der Mann, **dem** ich ein Buch geschenkt habe, ist mein Nachbar.
私が本をプレゼントした男性は私の隣人です．

Die Frau, mit **der** ich gesprochen habe, ist meine Nachbarin.
私が話をした女性は私の隣人です．

- 定関係代名詞は先行詞と**性・数が一致**しますが，格は，関係文における役割によって決まります．
- 関係代名詞は前置詞の支配を受けることがあります．
- 関係文は副文の一種で，定動詞は文末に置かれます**（定動詞後置）**．

2) 不定関係代名詞

1格	wer	was
2格	wessen	——
3格	wem	——
4格	wen	was

Wer ihn kannte, [der] lobt ihn.
彼を知っている人は，［みな］彼をほめます．

Was sie gesagt hat, [das] konnte ich nicht verstehen.
彼女が言ったことを，私は理解できなかった．

Ich sage dir alles, **was** ich weiß.
私は君に私が知っていることをすべて話す．

不定関係代名詞が導く関係文の主文における役割は，wer の場合は男性，was の場合は中性の指示代名詞によって示されます．

Grammatik

Ⅱ 指示代名詞

指示代名詞の格変化は定関係代名詞と同じです．

	男 性	女 性	中 性	複 数
1格	der	die	das	die
2格	dessen	deren	dessen	deren/derer
3格	dem	der	dem	denen
4格	den	die	das	die

▶ 指示代名詞の複数 2 格には，derer という別形があります．

Was ist das? — Das ist ein Bleistift.
　これはなんですか．　　これは鉛筆です．

Er besuchte Frau Müller und deren Tochter.
　彼はミュラー夫人とその夫人の (deren) 娘を訪問しました．

ミュンヒェンにあるレストランの中庭

ドイツのバーゲンセール

　ドイツのバーゲンセールの中でも年に 2 回ある Sommerschlussverkauf と Winterschlussverkauf が特に大きなセールです．日本風に言えば「夏物一掃セール」と「冬物一掃セール」といったところ．この時期どこの店も買い物客で大変混雑します．ドイツには店舗閉店法という法律があり，店の営業時間が厳しく規制されていました．平日は夕方 6 時半まで，土曜日は午後 1 時まで，また日曜日は教会に行く日なので，レストランを除いて店を開けてはいけないなどというように．

　しかし最近ではこの法律が改正され，州や町，また店の種類によっては閉店時間の延長や，日曜日の営業を許可するところも出てきて議論を巻き起こしています．

Übungen

Ⅰ 二つの文を，関係代名詞を用いて一つの文にしましょう．

1. Kennst du das Kind? Das Kind spielt jeden Tag Klavier.
2. Kennst du den Studenten? Die Mutter des Studenten ist Pianistin.
3. Kennst du das Kind? Dem Kind habe ich ein T-Shirt geschenkt.
4. Kennst du die Studentin? Mein Bruder liebt die Studentin.
5. Kennst du das Kind? Mit dem Kind habe ich gestern gesprochen.

Ⅱ （　　　）内に適切な関係代名詞を入れて，和訳しましょう．

1. Der Film, (　　　) Matrina sehr wunderbar findet, ist ein Abenteuerfilm.
2. Wie heißt der Komponist, (　　　) du liebst?
3. Ich habe zwei Töchter, (　　　) in der Schweiz wohnen.
4. Der Arzt, (　　　) meine Mutter operiert hat, ist noch jung.
5. Kennen Sie die Frau, (　　　) Tochter Schauspielerin ist?
6. Das Studentenheim, in (　　　) wir zusammen wohnen, ist sehr alt.
7. Der Mann, mit (　　　) ich gestern zu Mittag gegessen habe, ist mein Onkel.
8. Alles, (　　　) er mir erzählt hat, hatte ich schon gehört.
9. Zeig mir die CDs, (　　　) du gestern gekauft hast!

Ⅲ 和訳しましょう．

1. Ich möchte gern den blauen Mantel, der im Schaufenster ist, anprobieren.
2. Die Schauspielerin, die mein Großvater am schönsten findet, wohnt in Monaco.
3. Fossile Brennstoffe produzieren Kohlendioxid — das langlebige Treibhausgas, das die Atmosphäre aufheizt und extreme Wetterlagen wie Hitze, Stürme, Überschwemmungen fördert.
4. Ich habe das Handy verloren, das ich letzte Woche gekauft hatte.

Ⅳ 買い物の会話：2人ずつ組になって練習しましょう．

Verkäufer: Was wünschen Sie?

Kunde: Ich möchte ＿＿＿＿＿＿＿＿＿＿．(不定冠詞つき4格で)

[Koffer 男　Mantel 男　Handtasche 女　Wörterbuch 中]

Verkäufer: Wie gefällt Ihnen ＿＿＿＿＿＿＿＿＿？(定冠詞（類）つき1格で)

Kunde: Ja, was kostet ＿＿＿＿＿＿＿？

Verkäufer: ＿＿＿＿＿＿＿ kostet 360 / 200 / 250 / 38 Euro.

Kunde: Gut, dann nehme ich ＿＿＿＿＿＿．

Lektion 17
Dialog

Ein Lied

Ahmed singt: „Wenn ich ein Vöglein wär[1]
und auch zwei Flügel hätt,
flög ich zu dir. …"

Yuko: Was ist das für ein Lied? Es kommt mir bekannt vor.

Ahmed: Es ist ein altes deutsches Volkslied.

Yuko: Dieses Lied wird auch in Japan gesungen, aber es hat einen ganz anderen Text. Es geht um einen Nachtzug.

Ahmed: Ach, interessant. … Yuko, was würdest du machen, wenn du viel Geld hättest?

Yuko: Hmm… Wenn ich wirklich sehr viel Geld hätte, würde ich eine Wohnung in Berlin kaufen. Dann könnte ich immer wieder nach Berlin kommen. Berlin gefällt mir ja so gut. Mein Traum wäre, immer ein halbes Jahr in Japan zu wohnen und dann ein halbes Jahr in Berlin. Und du? Was würdest du machen, wenn du viel Geld hättest?

Ahmed: Zuerst würde ich meinen Eltern eine luxuriöse Weltreise auf dem Schiff schenken. Sie arbeiten immer so viel. Ich möchte, dass sie sich mal erholen. Aber dann möchte ich gern eine Reise nach Japan machen. Ich möchte gern Japan sehen, wo du aufgewachsen bist…
Yuko, wann musst du nach Japan zurückkehren?

Yuko: Mein Auslandsjahr ist bald um. In einem Monat muss ich zurückfliegen. Aber wenn ich mit dem Studium in Japan fertig bin, werde ich versuchen, im Doktorandenkurs weiterzumachen. Ich möchte dann, um für die Doktorarbeit zu forschen, wieder nach Berlin kommen. Ich versuche, ein Stipendium dafür zu bekommen.

Ahmed: Oh ja! Mach das. Ich warte hier auf dich. Und während du in Japan bist, komme ich dich besuchen.

---

[1] **wär**: wäre の -e が取れた形．詩の場合など口調上の理由から語末の -e が落ちることがある．
次行の hätt, flög も同様の理由から -e が落ちている．

Grammatik

Ⅰ 接続法の形式

1) 接続法第Ⅰ式: 不定詞の語幹+接続法の語尾

不定詞		sagen	fahren	sprechen	sein	haben	werden
接続法の語尾							
ich	-e	(sage)	(fahre)	(spreche)	**sei**	(habe)	(werde)
du	-est	sagest	fahrest	sprechest	seist	habest	werdest
er	-e	sage	fahre	spreche	**sei**	habe	werde
wir	-en	(sagen)	(fahren)	(sprechen)	seien	(haben)	(werden)
ihr	-et	saget	fahret	sprechet	seiet	habet	(werdet)
sie	-en	(sagen)	(fahren)	(sprechen)	seien	(haben)	(werden)

📘 カッコの中は直説法現在と同形になります.

2) 接続法第Ⅱ式: 過去基本形+接続法の語尾

不定詞		sagen	fahren	sprechen	sein	haben	werden
過去基本形		sagte	fuhr	sprach	war	hatte	wurde
接続法の語尾							
ich	-e	sagte	führe	spräche	wäre	hätte	würde
du	-est	sagtest	führest	sprächest	wärest	hättest	würdest
er	-e	sagte	führe	spräche	wäre	hätte	würde
wir	-en	sagten	führen	sprächen	wären	hätten	würden
ihr	-et	sagtet	führet	sprächet	wäret	hättet	würdet
sie	-en	sagten	führen	sprächen	wären	hätten	würden

📘 規則動詞と sollen, wollen の接続法Ⅱ式は直説法過去と同形です.
📘 不規則動詞の接続法第Ⅱ式は, 原則として幹母音がウムラウトします.

注意: 接続法第Ⅱ式は過去基本形に接続法の語尾をつけるので, 形は直説法過去とよく似た形になりますが, 上に挙げた接続法第Ⅱ式はすべて現在形です.

Ⅱ 接続法の用法

1) 間接話法 (接続法第Ⅰ式または第Ⅱ式)

Er sagt: „Ich habe Hunger." (直説法)
彼は言っている「私は空腹だ」.

Er sagt, er **habe** Hunger. (接続法第Ⅰ式)
彼は自分が空腹だと言っている.

2) 要求話法 (接続法第Ⅰ式)

Man **nehme** dreimal täglich eine Tablette.
この錠剤を毎日三回 1 錠ずつ服用のこと.

(fünfundsiebzig)

Grammatik

Es **lebe** die Freiheit!
自由万歳！

3) **非現実話法**（接続法第Ⅱ式）

Wenn ich Zeit **hätte, käme** ich gern zu dir.
Hätte ich Zeit, **käme** ich gern zu dir.
もし時間があれば，君のところに行くのだが．

Wenn ich Zeit gehabt **hätte, wäre** ich gern zu dir **gekommen**.
もし私に時間があったのなら，君のところに行ったのだが．

📄 接続法の過去形には完了形式を用います．
完了形式とは完了の助動詞 haben/sein＋過去分詞（文末）をいいます．

Wir **würden** uns freuen, wenn Sie auch mitkommen **wollten**.
あなたもご一緒してくださると嬉しいのですが．

Er spricht, als ob er der Lehrer **wäre**.
Er spricht, als **wäre** er der Lehrer.
彼はあたかも教師であるかのように話す．

リンダーホーフ城

Übungen

Ⅰ 間接話法で言い換えて，（　　　）を埋めましょう．

1. Sabine sagt: „Ich bin krank."
   Sabine sagt, (　　　) (　　　) krank.

2. Hans sagte: „Ich habe den Computer gekauft."
   Hans sagte, (　　　) (　　　) den Computer gekauft.

3. Martina fragte mich: „Wann kommt Sabine zurück?"
   Martina fragte mich, wann (　　　) (　　　).

Ⅱ 左と右の文を正しく結び合わせて，和訳しましょう．

Wenn ich den Führerschein hätte,	würde ich mit Petra ins Kino gehen.
Wenn ich Zeit hätte,	als ob er alles wüsste.
Ohne deine Hilfe	führe ich mit dir in die Schweiz.
Wenn der Zug sich nicht verspätet hätte,	hätte ich die Prüfung nicht bestanden.
Mein Lehrer tut so,	wäre ich schon um 10 in Hamburg angekommen.

Ⅲ ドイツ語で作文しましょう．

1. たくさん (viel) お金 (Geld) があれば (haben の接続法Ⅱを用いて)，私は世界旅行 (eine Weltreise) をする (machen) んだけどなあ．

2. ドイツ語 (Deutsch) を話すことができれば (können の接続法Ⅱを用いて)，私はすぐにでも (sofort) ドイツへ行く (nach Deutschland fliegen) んだけどなあ．

3. 太郎 (Taro) は，ドイツ人 (ein Deutscher) であるかのように (als ob ～を用いて)，とても上手に (sehr gut) ドイツ語を話します (sprechen)．

Anhang — Wenn ich ein Vöglein wär

Wenn ich ein Vöglein wär
und auch zwei Flügel hätt,
flög ich zu dir.
Weil's aber nicht kann sein,
weil's aber nicht kann sein,
bleib ich allhier.

Bin ich gleich weit von dir,
bin ich doch im Traum bei dir
und red mit dir;
wenn ich erwachen tu,
wenn ich erwachen tu,
bin ich allein.

Es vergeht kein' Stund in der Nacht,
da nicht mein Herz erwacht
und an dich denkt,
daß du mir viel tausendmal,
daß du mir viel tausendmal,
dein Herz geschenkt.

作者不詳．18世紀ごろの古いドイツの民謡．
メロディーは日本の唱歌「夜汽車」と同じ．

おもな不規則動詞の変化表

不定詞	直説法現在	直説法過去	接続法第2式	過去分詞
beginnen 始める, 始まる		**begann**	begänne (begönne)	**begonnen**
bieten 提供する		**bot**	böte	**geboten**
binden 結ぶ		**band**	bände	**gebunden**
bitten 頼む		**bat**	bäte	**gebeten**
bleiben とどまる		**blieb**	bliebe	**geblieben**
brechen 破る	du brichst er bricht	**brach**	bräche	**gebrochen**
bringen もたらす		**brachte**	brächte	**gebracht**
denken 考える		**dachte**	dächte	**gedacht**
dürfen …してもよい	ich darf du darfst er darf	**durfte**	dürfte	**gedurft** (**dürfen**)
essen 食べる	du isst er isst	**aß**	äße	**gegessen**
fahren (乗り物で)行く	du fährst er fährt	**fuhr**	führe	**gefahren**
fallen 落ちる	du fällst er fällt	**fiel**	fiele	**gefallen**
fangen 捕まえる	du fängst er fängt	**fing**	finge	**gefangen**
finden 見つける		**fand**	fände	**gefunden**
fliegen 飛ぶ		**flog**	flöge	**geflogen**
geben 与える	du gibst er gibt	**gab**	gäbe	**gegeben**
gehen 行く		**ging**	ginge	**gegangen**
gelingen うまくいく	es gelingt	**gelang**	gelänge	**gelungen**
genießen 楽しむ		**genoss**	genösse	**genossen**

不定詞	直説法現在	直説法過去	接続法第2式	過去分詞
geschehen 起こる	*es* geschieht	**geschah**	geschähe	**geschehen**
gewinnen 得る		**gewann**	gewänne (gewönne)	**gewonnen**
graben 掘る	*du* gräbst *er* gräbt	**grub**	grübe	**gegraben**
greifen つかむ		**griff**	griffe	**gegriffen**
haben 持っている	*du* hast *er* hat	**hatte**	hätte	**gehabt**
halten つかんでいる	*du* hältst *er* hält	**hielt**	hielte	**gehalten**
hängen かかっている		**hing**	hinge	**gehangen**
heißen …と呼ばれる		**hieß**	hieße	**geheißen**
helfen 助ける	*du* hilfst *er* hilft	**half**	hülfe (hälfe)	**geholfen**
kennen 知る		**kannte**	kennte	**gekannt**
kommen 来る		**kam**	käme	**gekommen**
können …できる	*ich* kann *du* kannst *er* kann	**konnte**	könnte	**gekonnt** **(können)**
laden 積む	*du* lädst *er* lädt	**lud**	lüde	**geladen**
lassen …させる	*du* lässt *er* lässt	**ließ**	ließe	**gelassen**
laufen 走る	*du* läufst *er* läuft	**lief**	liefe	**gelaufen**
lesen 読む	*du* liest *er* liest	**las**	läse	**gelesen**
liegen 横たわっている		**lag**	läge	**gelegen**
mögen 好きである …かもしれない	*ich* mag *du* magst *er* mag	**mochte**	möchte	**gemocht** **(mögen)**
müssen …しなければならない	*ich* muss *du* musst *er* muss	**musste**	müsste	**gemusst** **(müssen)**
nehmen 取る	*du* nimmst *er* nimmt	**nahm**	nähme	**genommen**

不定詞	直説法現在	直説法過去	接続法第2式	過去分詞
nennen 名を言う		**nannte**	nennte	**genannt**
raten 助言する	*du* rätst *er* rät	**riet**	riete	**geraten**
reiten 馬に乗る		**ritt**	ritte	**geritten**
rufen 呼ぶ		**rief**	riefe	**gerufen**
scheinen …に見える，輝く		**schien**	schiene	**geschienen**
schlafen 眠っている	*du* schläfst *er* schläft	**schlief**	schliefe	**geschlafen**
schlagen 打つ	*du* schlägst *er* schlägt	**schlug**	schlüge	**geschlagen**
schließen 閉じる		**schloss**	schlösse	**geschlossen**
schneiden 切る		**schnitt**	schnitte	**geschnitten**
schreiben 書く		**schrieb**	schriebe	**geschrieben**
schreien 叫ぶ		**schrie**	schriee	**geschrie[e]n**
schweigen 黙る		**schwieg**	schwiege	**geschwiegen**
schwimmen 泳ぐ		**schwamm**	schwömme (schwämme)	**geschwommen**
sehen 見る	*du* siehst *er* sieht	**sah**	sähe	**gesehen**
sein …である	*ich* bin *du* bist *er* ist	**war**	wäre	**gewesen**
singen 歌う		**sang**	sänge	**gesungen**
sinken 沈む		**sank**	sänke	**gesunken**
sitzen すわっている		**saß**	säße	**gesessen**
sollen …すべきである	*ich* soll *du* sollst *er* soll	**sollte**	sollte	**gesollt (sollen)**
sprechen 話す	*du* sprichst *er* spricht	**sprach**	spräche	**gesprochen**

不定詞	直説法現在	直説法過去	接続法第2式	過去分詞
stehen 立っている		stand	stünde (stände)	**gestanden**
steigen 登る		stieg	stiege	**gestiegen**
sterben 死ぬ	*du* stirbst *er* stirbt	starb	stürbe	**gestorben**
tragen 運ぶ	*du* trägst *er* trägt	trug	trüge	**getragen**
treffen 出会う	*du* triffst *er* trifft	traf	träfe	**getroffen**
treiben 追う		trieb	triebe	**getrieben**
treten 歩む	*du* trittst *er* tritt	trat	träte	**getreten**
trinken 飲む		trank	tränke	**getrunken**
tun する		tat	täte	**getan**
vergessen 忘れる	*du* vergisst *er* vergisst	vergaß	vergäße	**vergessen**
verlieren 失う		verlor	verlöre	**verloren**
verschwinden 消える		verschwand	verschwände	**verschwunden**
wachsen 成長する	*du* wächst *er* wächst	wuchs	wüchse	**gewachsen**
waschen 洗う	*du* wäschst *er* wäscht	wusch	wüsche	**gewaschen**
wenden 向ける		wandte	wendete	**gewandt**
werden …になる	*du* wirst *er* wird	wurde	würde	**geworden**
werfen 投げる	*du* wirfst *er* wirft	warf	würfe	**geworfen**
wissen 知っている	*ich* weiß *du* weißt *er* weiß	wusste	wüsste	**gewusst**
wollen …したい	*ich* will *du* willst *er* will	wollte	wollte	**gewollt** **(wollen)**
ziehen 引く		zog	zöge	**gezogen**

伊藤　眞
筑波大学教授

Emi Schinzinger
東京医科歯科大学准教授

木村　高明
防衛大学校准教授

検印廃止

Ⓒ もちろん！ ドイツ語（テキスト＋CDセット）
——ドイツ語初級文法読本——
Natürlich auf Deutsch!

2016年2月10日　初版発行　　定価 本体 **2,500** 円（税別）

著　者	伊　藤　　　眞 Emi　Schinzinger 木　村　高　明
発行者	近　藤　孝　夫
印刷所	研究社印刷株式会社
発行所	株式会社 同　学　社

〒112-0005　東京都文京区水道1-10-7
電話 (03)3816-7011(代表)　振替 00150-7-166920

ISBN 978-4-8102-0743-9　　　Printed in Japan

許可なく複製・転載すること並びに
部分的にもコピーすることを禁じます．

アポロン独和辞典

[第3版]

根本・恒吉・吉中・成田・福元・重竹
有村・新保・本田・鈴木　［共　編］

B6判・1836頁・箱入り・2色刷　定価 本体 4,200円（税別）

初学者のために徹した最新の学習ドイツ語辞典！

- ◆最新の正書法に完全対応
- ◆実用に十分な5万語を収録
- ◆すぐ読めるカナ発音つき
- ◆学習段階に応じ見出し語をランク付け
- ◆「読む・書く・話す」を強力に支援
- ◆見やすい紙面・豊富な図版
- ◆すぐに役立つコラムと巻末付録
- ◆ドイツが見える「ドイツ・ミニ情報」

巻末付録：和独の部／手紙の書き方／環境用語／福祉用語／建築様式／ドイツの言語・政治機構・歴史／ヨーロッパ連合（EU）と欧州共通通貨ユーロ（Euro）／発音について／最新の正書法のポイント／文法表／動詞変化表

根本道也　編著

やさしい！ドイツ語の学習辞典

B6判・770頁・箱入り・2色刷　定価 本体 2,500円（税別）

- ●見出し語総数約7000語。カナ発音付き。
- ●最重要語600語は、大きな活字で色刷り。
- ●最重要語の動詞や名詞の変化形は一覧表でそのつど表示。
- ●一段組の紙面はゆったりと見やすく、目にやさしい。
- ●巻末付録：「和独」「簡単な旅行会話」「文法」「主な不規則動詞変化表」

〒112-0005　東京都文京区水道1-10-7　　同学社　　tel 03-3816-7011　　fax 03-3816-7044
http://www.dogakusha.co.jp　　　　　　　　　　　　振替 00150-7-166920